~ 미래와 통하는 책 ~

동양북스 외국어
베스트 도서
700만 독자의 선택!

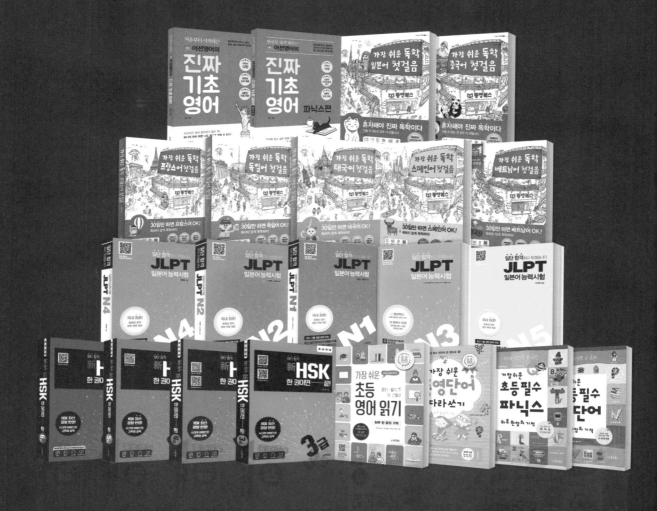

새로운 도서,
다양한 자료
동양북스
홈페이지에서
만나보세요!

www.dongyangbooks.com
m.dongyangbooks.com

※ 학습자료 및 MP3 제공 여부는 도서마다 상이하므로 확인 후 이용 바랍니다.

홈페이지 도서 자료실에서 학습자료 및 MP3 무료 다운로드

PC

❶ 홈페이지 접속 후 도서 자료실 클릭
❷ 하단 검색 창에 검색어 입력
❸ MP3, 정답과 해설, 부가자료 등 첨부파일 다운로드
* 원하는 자료가 없는 경우 '요청하기' 클릭!

MOBILE

* 반드시 '인터넷, Safari, Chrome' App을 이용하여 홈페이지에 접속해주세요. (네이버, 다음 App 이용 시 첨부파일의 확장자명이 변경되어 저장되는 오류가 발생할 수 있습니다.)

❶ 홈페이지 접속 후 ☰ 터치

❷ 도서 자료실 터치

❸ 하단 검색창에 검색어 입력
❹ MP3, 정답과 해설, 부가자료 등 첨부파일 다운로드
* 압축 해제 방법은 '다운로드 Tip' 참고

B1

시원스쿨닷컴

일단 합격하고 오겠습니다

ZERTIFIKAT DEUTSCH

독일어 능력시험

독일어 능력시험 파이널 합격 체크북

지은이 문선

일단 합격하고 오겠습니다

ZERTIFIKAT DEUTSCH

B1

독일어 능력시험

일단 합격하고 오겠습니다

ZERTIFIKAT DEUTSCH

독일어 능력시험

B1

파이널 합격
체크북

동양북스

e. Aufmerksamkeit	주의, 호의, 관심
verzichten	포기하다, 양보하다
s. Erlebnis	경험, 경력

회화 파트 3

aufschlussreich	교훈적인, 유익한
lehrreich	교훈적인, 교육적인
e. Rückmeldung	답변, 회신
ständig	지속되는, 끊임없는, 고정된
benutzen	이용하다, 사용하다
e. Buße	벌금, 벌, 배상
ein führen	도입하다, 설정하다
desto	더욱 더, 한층
e. Klassenstufe	학급 등급

47

독일어능력시험 B1
문법 핵심 정리

회화 파트 2

e. Präsentation	발표
r. Anfang	시작, 처음
gliedern	분류하다, 나누다
s. Heimatland	고국, 모국
erläutern	(뜻을) 밝히다, 설명하다
anhand	~에 의하여, ~의 도움으로
r. Vorteil	장점
r. Nachteil	단점
sich zuwenden	향하다
r. Aspekt	관점, 시각
e. Gelegenheit	기회,
erwähnen	언급하다
r. Zusammenhang	맥락, 관련, 연결
e. Zusammenfassung	통합, 요약
überwiegen	우세하다, 능가하다

4격 지배 동사

☐ lernen	배우다, 습득하다
☐ haben	가지다, 소유하다
☐ machen	만들다
☐ heißen	불리다
☐ sehen	보다, 구경하다
☐ finden	찾아내다, 발견하다
☐ hören	듣다, 들리다
☐ halten	붙잡다
☐ nehmen	잡다
☐ kennen	알고 있다
☐ bekommen	받다, 인수하다
☐ bestellen	주문하다, 예약하다
☐ brauchen	필요로 하다
☐ essen	먹다
☐ kaufen	사다, 구입하다

Wann wollen wir ... veranstalten?	우리 ... 언제 할까?
Ja, vielleicht am ...?	그래, ...요일이 어때?
Ja, ... ist gut.	그래, ... 좋아
Wo machen wir ...?	어디서 ... 할까?
Bei ... oder bei ...?	... 집에 아니면 ... 집에?
Wollen wir lieber ...?	... 하는 게 더 좋지 않을까?
Was kaufen wir zu essen?	우리 먹을 거 뭐 살까?
Würde dir das passen?	(그 시간) 괜찮니?
Passt dir das?	(그 시간) 괜찮니?
Wollen wir lieber ... 목 + 동	우리, ... 하는 게 더 좋지 않을까?
Wäre es nicht besser, wenn 주 + 목 + 동	우리, ... 하는 게 더 좋지 않을까?
Übrigens + 동 + 주 + 목	그런데 말이야 ...

☐ lesen 읽다
☐ nehmen 잡다, 쥐다
☐ trinken 마시다
☐ vergessen 잊다
☐ verlieren 잃다
☐ verstehen 이해하다, 양해하다

회화 파트 1

vorschlagen	제안하다
Vorschläge	제안
reagieren	반응하다
e. Sprachreise	어학연수
Mitschülern	동급생
e. Abschiedsfeier	송별회
feiern	축하하다, 기념하다
der frühe Nachmittag	13–15시
der Nachtmittag	15–18시
der Abend	18–23시
der späte Abend	22–1시
die Nacht	23–5시
e. Sprachschule	어학원, 어학당
veranstalten	개최하다, 실행하다
anfangen	시작하다

3격 지배 동사

☐ ähneln	닮다		
☐ antworten	대답하다		
☐ begegnen	(누구와)만나다	•	Jemanden persönlich ken-nenlernen 개인적으로 만나다
☐ danken (für)	감사하다		
☐ fehlen	아쉬워하다		
☐ folgen	뒤따라가다		
☐ gefallen	마음에 들다		
☐ gehören	누구 것이다		
☐ gelingen	잘 되다		
☐ genügen	충분하다		
☐ glauben	생각하다, 믿다		
☐ gratulieren	축하하다		
☐ helfen	돕다		
☐ raten	충고하다		
☐ schaden	해치다, 손상시키다		

Urlaub bekommen	휴가를 받다
von jemandem hören	소식을 듣다

☐ schmecken	~맛이 나다
☐ vertrauen	신뢰하다
☐ verzeihen	용서하다

B·1·힘·격

die kurzfristige Terminabsage	약속 시간에 얼마 남지 않아 취소하는 것
einen angenehmen Tag wünschen	즐거운 하루 되기를 바라다
die Unanehmlichkeiten entschuldigen	불편을 끼쳐 죄송하다고 말을 하다
gerne kommen	오기를 원하다
ein länger vereinbarter Termin	오래 전 잡은 약속(기한)
einen Termin verlegen	약속을 바꾸다
gelingen	성공하다/해내다
den Termin absagen	약속을 취소하다
jemanden sehr interessieren	관심있다
sich nochmal melden	다시 연락드리다
die Bewerbung für	~을 위한 지원
s. Vorstellungsgespräch	면접
e. Einladung	초청, 초대
einen Termin wahrnehmen	약속을 갈 수 없게 되다

3/4격 지배 동사

- [ ] bringen 가지고 가다
- [ ] servieren 시중들다, 접대하다
- [ ] zeigen 가르쳐 주다
- [ ] erklären 설명하다
- [ ] diktieren 받아쓰기 하다, (어떤 단어의) 철자를 말하다
- [ ] geben 주다
- [ ] senden 보내다
- [ ] sagen 말하다
- [ ] wegnehmen 빼앗다

작문 파트 3

sich entschuldigen	불참의 뜻을 전달하다
einen Termin vereinbaren	약속하다(다음 식사 약속)
sich verabreden	약속하다(사적인)
sich (sehr) freuen	무엇을 기뻐하다
eine Einladung erhalten/ bekommen	초대장을 받다
eine tolle Idee sein	아주 좋은 생각이다
der genannte Termin	언급된 날짜에서
verhindert sein	저지되다, 방해받다, *(일이 있어서) 바쁘다
etwas vertagen	(회의 따위를) 연기하다
sich entschuldigen	불참의 뜻을 전달하다
geschäftlich auf Reisen sein/ unterwegs sein	출장에 가다
erkranken(an)	병에 걸리다
einen Termin geben	약속을 잡다

2격 지배 동사

☐ sich erfreuen	즐기다, 누리다
☐ bedürfen	필요하다
☐ anklagen	기소하다
☐ beschuldigen	잘못된 행동에 대해 비난을 받다, 혹은 이에 대한 책임을 돌리다
☐ bezichtigen	혐의를 제기하다

1격 지배 동사

☐ werden	되다
☐ heißen	불리우다
☐ bleiben	머무르다
☐ gelten (als)	간주되다

---

r. Fremde	낯선 사람
e. Entführung	납치
das Gute sein an etwas (ugs.)	좋은 점이다
zusammenführen	서로 만나게 하다, 연결하다
in Verbindung bleiben lassen(ugs.)	연락이 끊기지 않도록 하게 하다
über Tausende von Kilometern (entfernt sein, liegen)	수천 킬로미터 (떨어지다)
Teil des Lebens sein	삶의 일부다
sich nicht vorstellen können	상상할 수 없다
mit jemandem kommunizieren	대화를 나누다
etwas (sehr) beliebt sein	유행이다
s. Chatten, chatten	채팅, 채팅하다
jemanden zwingen	강요하다
auf Twitter/Facebook veröffentlichen	정보를 업로드하다

N-변화

1 e-로 끝나는 남성명사

der Kunde, der Junge, der Kollege, der Neffe,
der Laie, der Experte, der Zeuge, der Erbe,
der Bote, der Lebensgefährte

2 e로 끝나지 않는 남성명사

der Bauer, der Held, der Kamerad,
der Herr(die Herren)

3 e로 끝나는 동물

der Affe, der Löwe, der Hase, der Rabe,
der Bär(die Bären)
der Bär~Herren)

4 e로 끝나는 주민의 명칭

der Brite, der Bulgare, der Däne, der Franzose,
der Ire~BärHerren)

5 -ant/-and/-est/-ist로 끝나는 명사

der Doktorand, der Demonstrant, der Elefant,
der Lieferant, der Musikant, der Präsident,
der Produzent, der Student, der Terrorist,

작문 파트 2

(nicht richtig)verarbeiten	(정상적) 극복하다, 견해를 갖다
können	...할 수 있는
an der frischen Luft	(밖에) 신선한 공기를
spielen	마시면서 놀다
die Welt erkunden	세상을 알아가다
früher oder später	조만간
zum Außenseiter ma-chen(ugs.)	왕따 만들다
gegen den Strom schwim-men	대세에 순응하다
nicht mehr ohne...	...없이는
per Handy benachrichtigen	휴대폰으로 소식을 전하다
e. Sicherheitsfunktion	안전장치
e. Handyrechnung	휴대폰 계산서
selbst	스스로, 자신이, 몸소
sicher sein vor	안전하다

der Journalist, der Kapitalist, der Kommunist, der Polizist, der Utopist

6 직업 명칭 (그리스어에서 파생)

der Biologe, der Demokrat, der Diplomat, der Fotograf, der Architekt, der Philosoph, der Katholik, der Therapeut etc.

7 또한

der Bär, der Nachbar, der Herr, der Bauer, der Held, der Kamerad, der Soldat, der Automat, der Diamant

8 예외

das Herz, der Buchstabe, der Gedanke, der Name

B·1·함·작

작문 파트 1

r. Unfall	사고
berichten	설명하다
gemeinsam	함께
r. Textaufbau	텍스트 구조
e. Anrede	인사말
e. Einleitung	서론, 도입
Reihenfolge der Inhalt-spunkte	내용 순서
r. Schluss	결론
erlitten	쥐다, 당하다
langweilig	지루한
versprechen	약속하다
Pommes (frites)	감자 튀김
s. Vorstellungsgespräch	면접
Catering-Service	출장 연회 서비스
e. Abschiedsparty	송별회

장소 전치사

건물(안), 학교 기관, 식당, 극장 지청	in
나라, 대륙, 도시	in
방향	nach
*예외 (Hause)	zu Hause, nach Hause
경계, 근처, 물가	an
주변보다 높은 곳, 평평한 열린 공간, 섬, 전치 혹은 축제	auf
*예외 (auf die Bank)	auf der Bank, auf die Bank(정기적)
사람	bei, zu
지점	an, in, auf, zu

gentechnisch verändert	유전 공학으로 변질시킨
r. Verbraucher	소비자
eine wichtige Rolle spielen	중요한 역할을 하다
in Massen herstellen	대량으로 생산하다
r. Idealfall	가장 이상적인
stecken	들어 있다
...des Vertrauens	신뢰, 신임 가능…
gewissenhaft	양심적인, 성실한
etwas im Vorfeld ausschließen	~앞두고
etw. Ist eine Überlegung wert	생각할 만하다
r. Beitrag	기여, 공헌
Im Endeffekt	결국에는
r. Biosiegel	유기농 도장/인장
auf die Gesundheit achten	건강을 지키다

시간 전치사

☐ 시간, 하루 중 특정한 때	um
☐ 날짜, 요일, 특정일, 하루 중 일부	am
☐ 달, 계절, 년도	im
☐ 휴일	an
☐ 대략적인 시간	gegen
☐ 종교적인 축제	zu
☐ 시대	zu

	종류
e. Sorte	
vermutlich	짐작건대
weniger sein	~보다는
Die Idee, die dahinter steckt!	생각이 중요하다!
mit ... nichts falsch machen.	~좋은 선택을 했다고 믿는다
einen Zusammenhang geben zwischen Akk.	~연관성 있다
e. Süßigkeit, -en	단것, 단 과자류
dick/krank werden	뚱뚱해지다/병이 나다
ein Nachteil sein von Dat.	손해를 끼치다
in Einklang stehen mit Dat.	조화시키다
der biologische Anbau	유기농 종족
vereinbaren mit Dat.	일치시키다
einen großen Schaden anrichten	큰 손해를 끼치다
würdevoll	품위있는, 당당한

듣기 파트 4

r. Lebensmitteltechnologe/in	식품과학기술자	
e. Lebensmittel(Pl.)	양식, 식료(품)	
r. Innenarchitekt/in	인테리어 디자이너	
r. Allgemeinverbraucher	일반 소비자	
r. Genussmensch	향락주의자, 미식가	
konventionelles Obst	일반 과일	
s. Bioprodukt	유기농 식품	
s. Pestizid	살충제	
s. Luxusthema	불필요한 주제	
e. Lebensversicherung	생명보험	
sich etw. widmen	전념하다	
Bio-zigaretten	유기농 담배	
konventionell	관습적인, 일반(유기농 이닌)	
viermal	4번, 4회	

독일어능력시험 B1
본문 어휘 목록

in einer Firma arbeiten	취직하다
etw. in letzter Zeit machen	~하고 지내다
eine Lehre/Ausbildung machen	직업 교육을 받다
gute Chancen haben	좋은 기회다
sich schon immer für etwas interessieren	~관심 있다
Glück haben	운이 좋다
jm. wirklich Spaß machen	~재미 있다
unangenehm sein/ werden	불편하다
ein Angebot machen	좋은 제안을 하나 하다
sich selbstständig machen/sein	사업을 시작하다/ 사업을 하다
Männersache sein	남자만 하는 일

독해 파트 1

Mitte 30 sein (auch: in den Mittdreißiger sein)	30대 중반이다
etwas schwer sein	(무엇이) 어려워하다
sich mit jm. verabreden	(누구와) 약속하다
keine Zeit haben	시간이 없다
erbärmlich sein	가엾다, 불쌍하다
langweilig sein/werden	지루하다
etwas schaffen	~을 해내다
sich (zu einer Barverabredung) treffen	(바에서) 만나기로 하다
aufgeregt sein	신이 나다, 흥분하다
e. Augenringe	다크서클
Augenringe haben	다크서클이 있다
auf der Suche sein	찾다
e. Schlange	줄

듣기 파트 3

lange nicht mehr gesehen	오랫만에 보다/만나다
Das ist eine lange Geschichte	긴 이야기다
nicht das Richtige sein für Akk.	~와 안 맞다
viel Gutes erzählen	좋은 이야기를 많이 해 주다, 좋게 얘기하다
keinen Sinn sehen in etw.	~에 의미를 못 찾는다
e. Lerngruppe	스터디 그룹
engagieren	고용하다
etwas ist wichtig	중요하다
nicht mehr so teuer sein	값이 그렇게 비싸지 않다
nach dem Studium	공부 끝나고
als Freiberufler arbeiten	프리랜서로 일을 하다

sich etw. anschauen	(영화 따위를) 보다
nutzen	이용하다
...stündig	...시간 걸리는
gratis	무료로, 거저
besichtigen	구경하다
entgehen	있다
r. Rundgang	둘러봄
Zeit haben	시간이 있다
e. Schließung	종결, 마감
sich interessieren für Akk.	~에 관심을 가지다

an der Schlange stehen	일렬로 나란히 서다
verraucht	연기가 가득한
klebrig	끈적끈적한, 달라붙는
sich anstellen bei	줄을 서다
e. Mittagszeit	정오, 점심때
zur Mittagszeit (auch: um die Mittagszeit)	정오경
ungehindert	방해 받지 않은, 지지 받지 않은
r. Zugang	통로, 입구
r. Mitarbeiter/ e. Mitarbeiterin	일을 하는 사람, 점원
e. Reservierung	예약
eine Reservierung machen/ vornehmen	예약하다
nach einer Reservierung fragen	예약이 있는지 물어보다
das Schöne sein an etw. (auch: Das Gute sein an etw.)	장점이다/ 장점을 가지고 있다

독해 파트 2

e. Arbeitszeit, en	업무 시간, 근무 시간
die flexible Arbeitszeit	탄력근무
die feste Arbeitszeit	고정적인 근무 시간
e. Tücke, n	간계, 술책, 악의
Tücken haben	무엇이 결함이 있다(고장 나다)
e. Studie, n	연구 논문
einer Studie zufolge	한 연구에 따르면
zulasten von	~없이 기대(희생시키면서)
r. Beschäftigte, n	종업원, 고용인
s. Homeoffice	홈 오피스 (출근시간 지유회의 극단적인 한가지 예로, 정규 근무 시간에 기정에서 근무하는 재택근무 형태)
selbstbestimmt	스스로 결정한
abschalten	1.끄다 2.신경을 끄다, 푹 쉬다
doppelt	두 배의

듣기 파트 2

s. Prospekt	안내서
ergänzen	보충하다
gründen	건설하다
e. Wiedervereinigung	통일
eröffnen	개업하다
ostdeutsch	동독의
begrüßen	인사하다, 환영하다
e. Ausstellung	전시
e. Vorabinformation	사전 정보
rollstuhlgerecht	휠체어에 적합한
sich beschäftigen mit Dat.	(무엇에) 전념하다
r. Fahrstuhl	환자용 엘리베이터, 휠체어
s. Besondere	특별한 점
barock	바로크 양식의
befahrbar sein	통행할 수 있는

s. Gleis	레일
fällt ... aus	취소되다
planmäßig	계획대로의
e. Betriebsstörung	운전 고장
e. Abfahrt	출발
die nächstmögliche Verbindung	다음 열차
starker Regen	폭우
Temperaturen liegen	~도(℃) 이다
viele Wolken	구름 낀
sich die Sonne zeigen	햇빛이 비추다
trocken	건조한, 마른, 수분이 없는

doppelt so hoch wie	~의 두 배 높이인
r. Arbeitnehmer	피고용자, 종업원
offenbar	분명한, 명료한
verschwimmen	불분명해지다, (윤곽이) 희미해지다
die Grenzen verschwimmen	경계(선) 불분명해지다
r. Lebensbereich, e	생의 한 영역
e. Arbeitsweise, n	일하는 법
leicht + 동사	쉽게 ~하다
heißen	1.불리다 2. 의미하다
es heißt	...라는 셈이다, ...라는 이야기이다
gelten für	유효하다, 통용되다
gleichermaßen	똑같이, 비슷하게
lediglich	다만, 전혀
jm. schwerfallen	어렵다, 힘들다
e. Wahrscheinlichkeit, en	확률

e. Ruhe	1. 고요 2. 휴식, 안식
zur Ruhe kommen	편히 쉬다
r. Prozentpunkt, e	퍼센트 수치(의 차이)
e. Studienautorin, innen	연구 저자
etw. zurückführen auf	무엇을 ~근원으로 소급하다
neigen zu	경향(버릇이) 있다. (무엇에) 약하다
typischerweise	전형적으로, 일반적으로
r. Grenzgänger	국경 넘나드는 사람
e. Grenzgängerin, innen geübte	숙련된, 숙달된
nutzen	이용하다, 사용하다
zeitlich	시간적인
zeitliche Flexibitität	시간적인 신축성
unzählig	헤아릴 수 없는, 무수한
unzählige Überstunden	초과 근무
e. Hausarbeit	가사일

듣기 파트 1

das Einzige	하나, 유일한
umsteigen	(차를) 갈아타다
kosten	~의 값이다
unterwegs sein	도중이다, 집 밖이다
r. Termin	약속
zurückrufen	응답하다
verschieben	연기하다
Bescheid geben	연락을 주다
anbieten	제안하다
in Teilen von ...	구역, 부분
gesperrt werden	통제되다
stattfinden	개최되다
r. Stau	교통 체증
e. Radrennveranstaltung	자전거 경주
rechnen mit Dat.	예상하다

B·1·합·격

unter einen Hut bringen	일치시키다, 동화시키다
e. Oase	오아시스
r. Gemeinschaftsgarten	공동 텃밭
r. Gärtner	정원사
r. Hobbygärtner	취미로 정원을 가꾸는 사람
r. Hinterhof	뒤뜰
pflanzen	재배하다
Kräuter pflanzen	약초를 재배하다
vermuten	상상하다, 추측하다
s. Gartenprojekt	정원 프로젝트
r. Gartenliebhaber	정원을 사랑하는 사람
freiwillig	스스로, 자발적인
s. Land	땅, 밭
beackern	일구다
s. Stadtklima	도시기후
die Verbesserung des Stadtklimas	도시 환경 개선

erhalten	얻다, 받다, 인수하다
nicht mehr als	더 이상 ... 아니다
fehlen	없다, 부족하다, 참석을 못 하다
e. Verspätung	지각, 연착
bei Verspätung	연착할 때
minimalst, minimal	최소의
stören	방해하다
e. Kundenberatung	고객 상담(소)
r. Werktag	근무일, 평일
r. Ausnahmefall	예외의 경우, 특례
s. Wochenende	주말

zu etwas beitragen	기여하다
boomen	전성기를 맞이하다,
mitmachen	참여하다
e. Initiative, n	단체
e. Bürgerinitiative	시민단체
extra	일부러, 특별히, 굳이
sich jm/etw. anschließen	합류하다, 동참하다, 참여하다
verschönern	경관을 개선하다
ökologisch	생태학적
der ökologische Wert	생태학적 가치
sozial	사회적
der soziale Zusammenhalt	사회적인 유대감
stärken	강화시키다

독해 파트 5

e. Hausordnung	시설 이용 규칙
s. Rauchen	흡연
gestattet sein (auch: erlaubt sein)	허용되다, 허용되지 않는다
r. Außenbereich, -e	바깥(외부), 외의
r. Aschenbecher, -	재떨이
s. Gelände, - **z.B.** auf dem Gelände 부지에서	토지, 부지
e. Sauberkeit	청결, 깨끗함
gelten	유효하다, 행해지다
r. Kursraum, -e (auch: s. Klassenzimmer 교실)	강의실
r. Kaffeebecher	커피잔
e. Teilnahmebescheinigung, -en	수강증명서

독해 파트 3

e.Anzeige	광고
spektakulär	극적인
r. Einlass (auch: r. Eintritt)	입장
r. Platz	자리, -석
e. Einzelkarte (auch: e. Karte)	입장표
e. Band	밴드
aufregend	흥미진진한
z.B. ein aufregender Abend 흥미진진한 밤	
s. Kartentelefon	예약 문의 전화번호
per	-으로, -에 의하여, -으로써
z.B. per Email 이메일로(이메일 문의)	
s. Spektakel	구경거리, 장관
s. Leinwandspektakel	특별 영화 기획

B·1·합·격

sich beklagen über+Akk.	~에 대해 슬퍼하다, 불평하다
in die Tiefe	심도있게
verschlossen	폐쇄된
e. Renovierung	개선
kurz	짧은, 잠깐
r. Lebensretter	생명의 은인
e. Kritik	비판
böten bieten (Konjunktiv II)	제공하다
zumal	특히
eine große Rolle spielen	~한 역할을 하다
e. Recherche	탐구, 검색

r. Kinostart	영화 개봉
s. Fest	축제, 잔치, 페스티벌
s. Schlossfest	궁전 페스티벌
regulär	정식의
der reguläre Eintritt	정식 입장
r. Vortrag	강연
s. Vortragsangebot	제공 강연
s. Musical	뮤지컬
erleben	경험하다, 맛보다
r. Aufenthalt	체류지, 머무는 장소
verlosen	복권 추첨
einen Hotelaufenthalt verlosen	호텔 숙박을 추첨하다
gewinnen	이기다, 당첨되다
in der Lotterie/im Lotto gewinnen	복권이 당첨되다

독해 파트 4

fixieren	고정시키다, 뿐히 쳐다보다
sich widmen	전념하다, 바치다
bedauern	불쌍히 여기다, 유감이다, 안타까워하다
wegwerfen	버리다, 낭비하다
verlieren	잃다, 잃어버리다
aufregend	흥분하는, 격앙되는, 떨들어대는
sich verabreden	약속을 잡다
orientierungslos	방향을 잃은
anrempeln	부딪치다, 툭 치다
gesenkt	낮아지는, 내려다보는
sich näher kommen	가까워지다, 친밀한 사이가 되다
unterschätzen	과소평가하다
s. Gefüge	구조, 조직

일단 **합격**하고 오겠습니다

ZERTIFIKAT
DEUTSCH
독일어 능력시험

정유진 지음

B1

동양북스

초판 7쇄 발행 | 2024년 2월 5일

지은이 | 정유진
발행인 | 김태웅
편　집 | 김현아
마케팅 총괄 | 김철영
온라인 마케팅 | 김은진
제　작 | 현대순

발행처 | (주)동양북스
등　록 | 제 2014-000055호
주　소 | 서울시 마포구 동교로22길 14 (04030)
구입문의 | 전화 (02)337-1737　팩스 (02)334-6624
내용문의 | 전화 (02)337-1762　dybooks2@gmail.com

ISBN 979-11-5768-378-9

ⓒ 정유진, 2018

이 도서의 국립중앙도서관 출판예정도서목록(CIP)은 서지정보유통지원시스템 홈페이지(http://seoji.go.kr)와
국가자료공동목록시스템(http://www.nl.go.kr/kolisnet)에서 이용하실 수 있습니다.
(CIP제어번호:CIP2018009987)

머리말

An die Lernenden

Ich werde oft gefragt, wie kann man gut Deutsch sprechen? Oder. Deutsch ist eine so schwere Sprache. Ich muss zugeben, Deutsch ist keine leichte Sprache. Jeder der Deutsch einmal gelernt hat, weiß, dass es nicht damit getan ist, wenn man die Grammatik auswendig lernt. Vielen fehlt es an einem fundierten und aktuellen Wortschatz.

Dieses Buch ist genau das Buch, das ich mir für koreanische Deutschlernende immer gewünscht hätte. Es besteht aus einem Grammatik- und einem Prüfungsvorbereitungsteil. Das vorliegende Buch richtet sich an Lernende, die eine selbstständige Sprachverwendung erreicht haben(A2 des Gemeinsamen Europäischen Referenzrahmens) und mit den Grundlagen der deutschen Grammatik vertraut sind.

Dieses Buch erhebt nicht den Anspruch auf Vollständigkeit. Bei dem stetigen Sprachwandel ist das auch gar nicht möglich. Aber es soll ein gewinnbringendes Werkzeug sein und Inhalte zur Verfügung stellen, die jeden Deutschlerner ihrem oder seinem Traum etwas näher bringt, gutes Deutsch zu sprechen und zu schreiben.

많은 분들이 "어떻게 해야 독일어를 잘할 수 있을까요?"라고 자주 저에게 묻습니다. 혹은 독일어는 너무 어려운 언어라고 말합니다. 물론 독일어는 쉽게 할 수 있는 언어가 아니라는 것은 인정합니다. 독일어를 한 번쯤 배워 보신 분들은 문법만 공부해서는 절대로 안 된다는 것을 압니다, 많은 분들이 기본적인 토대를 만드는 것과 어휘에서 실수하곤 합니다.

이 책은 제가 독일어를 배우는 한국 학생들에게 있었으면 좋겠다고 항상 생각해왔던 바로 그런 책입니다. 문법과 시험 준비 영역으로 구성되어 있으며 스스로 독일어를 사용 가능한 레벨(A2 유럽언어공통기준), 기본 독일어 문법을 마친 학생들을 위한 교재입니다.

이 책이 완벽할 거라 기대하지는 않습니다. 언어의 변화 때문에라도 그것은 어차피 불가능합니다. 하지만 이 책이 독일어를 배우는 학생들에게 자신의 꿈에 가까이 다가가는 데 있어서 독일어로 훌륭하게 말하고 쓸 수 있도록 도와주는 유익한 지침서가 되길 바랍니다.

저자 정유진

Inhaltsverzeichnis 차례

Teil 1   Einführung

Kapitel 1   기초 문법 다지기

Kapitel 2   유형별 필수 표현

Kapitel 3 ▷ 주제별 필수 표현

Kapitel 4 — 자주 틀리는 문법

Teil 2 Training

 ## 독해 — MODUL LESEN

듣기 | MODUL HÖREN

작문 | MODUL SCHREIBEN

회화 | MODUL SPRECHEN

이 책의 구성과 특징

Kapitel 1   기초 문법 다지기

B1 합격을 위해 필수로 알아야 하는 기초 문법을 정리해 두었습니다. 독일어 실력의 기초가 되는 문법이므로 이 부분은 충분히 공부하셔야 합니다. 문법 내용을 공부하고 연습문제를 풀면서 문장 속에서 문법이 어떻게 활용되는지 알아볼 수 있습니다.

Kapitel 2   유형별 필수 표현

독해, 듣기, 작문, 회화 영역별로 필요한 표현을 정리해 두었습니다. 자신의 주장을 말하기, 약속을 잡거나 미루기 등 실전에 꼭 필요한 표현과 예문이 제시되어 있습니다. 또한 회화 표현과 그에 따른 문법 사항을 제시해서 표현과 문법을 동시에 학습할 수 있습니다.

Kapitel 3 주제별 필수 표현

시험에 자주 등장하는 주제별 필수 표현을 정리해 두었습니다. 대학 생활, 가정, 사회, 환경, 여가 등 다양한 주제가 제시되어 있고, 원어민이 사용하는 생생한 표현을 배울 수 있습니다. 주제별 필수 표현에도 문법 사항이 나와 있어서 표현과 문법을 동시에 학습할 수 있습니다.

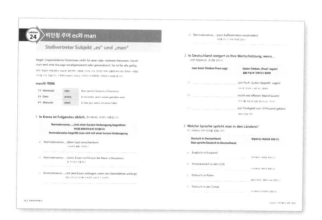

Kapitel 4 자주 틀리는 문법

학습자들이 자주 틀리는 문법을 정리해 두었습니다. 중급 수준의 독일어 학습자, 특히 한국인들이 자주 틀리는 문법을 알아보고 연습문제를 통해 연습할 수 있습니다.

독해 MODUL LESEN

독해 파트 유형 분석과 전략을 정리해 두었습니다. 실제 시험 유형을 풀어 보고, 해설을 확인하면서 실전 대비를 할 수 있습니다. Teil 1부터 Teil 5까지 꼼꼼하게 읽고 문제를 풀어 보세요. 각 문제의 끝에는 필수어휘가 정리되어 있습니다.

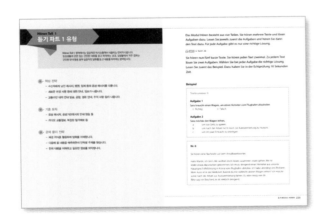

듣기 MODUL HÖREN

듣기 파트 유형 분석과 전략을 정리해 두었습니다. 원어민이 녹음한 파일을 들으며 실제 시험 유형을 풀어 보고, 해설을 확인하면서 실전 대비를 할 수 있습니다. Teil 1부터 Teil 4까지 꼼꼼하게 들으면서 문제를 풀어 보세요. 각 문제의 끝에는 필수어휘가 정리되어 있습니다. MP3 파일은 동양북스 홈페이지에서 무료로 다운받을 수 있습니다.

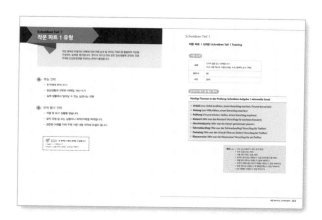

작문　MODUL SCHREIBEN

작문 파트 유형 분석과 전략을 정리해 두었습니다. 실제 시험 유형을 풀어 보고, 모범답안을 확인하면서 실전 대비를 할 수 있습니다. Teil 1부터 Teil 3까지 직접 써 볼 수 있도록 유형별로 다른 모양의 연습 페이지도 구성되어 있습니다. 각 문제의 끝에는 필수어휘가 정리되어 있습니다.

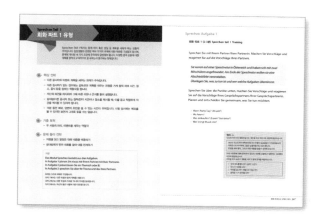

회화　MODUL SPRECHEN

회화 파트 유형 분석과 전략을 정리해 두었습니다. 실제 시험 유형을 풀어 보고, 예시 답변을 확인하면서 실전 대비를 할 수 있습니다. Teil 1부터 Teil 3까지 문제마다 시간을 재면서 직접 말하고 연습해 보세요. 각 문제의 끝에는 필수어휘가 정리되어 있습니다. 원어민이 녹음한 MP3 파일도 준비되어 있습니다. 듣고 따라해 보세요.

별책부록

MP3

원어민이 녹음한 음성 파일을 MP3로 제공합니다.
Hören 영역의 문제와 Sprechen 영역의 모범 답안을 녹음했습니다.
Hören 영역은 시간을 재면서 문제를 풀어 보세요.
Sprechen 영역의 모범 답안은 듣고 따라 읽으며 자연스러운
속도로 말할 수 있도록 연습해 보세요.
MP3 파일은 동양북스 홈페이지 (www.dongyangbooks.com)
자료실에서 '독일어능력시험'을 검색하면 다운받을 수 있습니다.

▶ 무료 MP3 다운로드

B1 합격 체크북

본문의 핵심 포인트와 각 영역의 단어 목록을 정리한
핸드북을 제공합니다. 한 손에 쏙 들어오는 사이즈로 가볍게
가지고 다니면서 공부할 수 있습니다.

정유진 선생님의 저자 직강!
60일 완성 커리큘럼
시원스쿨 강의로 B1을
준비하세요.

시원스쿨 독일어

http://germany.siwonschool.com

B1 레벨 소개

 ## 응시 대상

- 독일에서 대학예비자과정(Studienkolleg)을 이수하고자 하는 사람
- 독일에서의 거주 및 취업을 원하는 사람
- B1 과정을 성공적으로 이수했음을 증명하고자 하는 사람
- 세계적으로 인증된 공식 증명서를 원하는 사람

Goethe-Zertifikat B1은 청소년과 성인을 위한 독일어 시험입니다. 본 시험은 독일어를 자주적으로 활용할 수 있음을 증명해 주는 시험으로, 유럽공통참조기준(GER)이 정하는 총 6단계 능력 척도 중 세 번째 단계(B1)에 해당됩니다.

 ## 시험 합격증을 통해 인증되는 능력

- 상대방이 또렷한 표준어를 구사하는 경우, 혹은 직장/학교/여가시간 등의 익숙한 상황인 경우 주요 정보를 이해할 수 있음
- 독일어권 국가를 여행할 경우 대부분의 상황을 해결할 수 있음
- 익숙한 주제나 개인적으로 관심 있는 분야에 대해 간단하고 맥락에 맞게 표현할 수 있음
- 경험 및 사건을 서술하고, 꿈/희망/목표를 설명하며, 간략한 원인과 설명을 덧붙일 수 있음

 ## 응시요건

- 청소년을 위한 Goethe-Zertifikat B1 시험에 응시하는 경우, 권고 연령은 만 12세 이상이며, 성인을 위한 Goethe-Zertifikat B1 시험에 응시하는 경우, 권고 연령은 만 16세 이상입니다.
- Goethe-Zertifikat B1 시험은 언어에 관한 유럽 공통참조기준의 세 번째 능력 단계(B1)의 언어 능력을 요구하는 시험입니다.
- 이 단계에 도달하기 위해서는 사전 지식과 학습 요건에 따라 350-650 단위의 수업(단위 당 45분) 이수를 권장합니다.

추가정보

- B1 성인 시험과 청소년 시험은 난이도의 차이는 없으나, 시험 문제에서 다루어지는 주제가 다릅니다. 청소년 시험의 모든 모듈에서 다루어지는 주제는 청소년 활동과 관련되어 있습니다. 청소년 시험의 권장 연령은 만 12세 – 만16세입니다.
- B1 성인 시험과 청소년 시험의 합격증 형태는 동일합니다.

출처 https://www.goethe.de/ins/kr/ko/spr/prf/gb1.html

시험 영역과 TIPP

독해 MODUL LESEN

- 일상 생활과 관련된 개인적인 글부터 시설 이용 규칙, 광고문, 독자투고란, 기사, 보도 자료 등 다양한 형식과 주제가 출제됩니다.
- B1 수준의 어휘와 문법 기초가 탄탄해야 정확하게 독해하고 해결할 수 있습니다.
- 총 다섯 가지 유형으로 구성되어 있고, 각 유형마다 전략적으로 시간을 분배해야 합니다.

듣기 MODUL HÖREN

- 자동응답기 메시지, 교통정보, 안내 방송 등 비교적 간단하고 짧은 내용도 출제되지만 강연이나 가이드 투어 같이 한 가지 주제에 대한 긴 독백, 두 명의 대화, 두 명 이상의 토론 등 다양한 주제와 분량으로 출제됩니다.
- 평소에 독일어를 많이 듣고 익숙해지도록 연습해야 합니다. 단순히 단어와 문법을 암기하는 것만으로는 듣고 빠르게 문제를 풀기 어려울 수 있습니다.
- 총 네 가지 유형으로 구성되어 있고, 문제를 듣기 전 선택지를 먼저 훑어보며 주제를 파악해 두는 전략이 필요합니다.

작문 MODUL SCHREIBEN

- 일상생활에서 일어날 수 있는 주제로 간단한 이메일 쓰기, 한 가지 토론 주제에 대한 자신의 의견 작성하기, 비즈니스 등 공식적인 상황에서의 이메일 쓰기가 출제됩니다.
- 독일어로 문장을 구성하는 연습을 자주 하면 좋습니다. 독일어를 사용하는 사람들이 인터넷에서 어떤 방식으로 글을 쓰는지 관찰하는 것도 도움이 됩니다. 공식적인 표현은 웹사이트나 신문, 잡지 등의 공지사항을 참고하면 좋습니다.
- 총 세 가지 유형으로 구성되어 있고, 어떤 내용을 쓸지 미리 계획을 짜고 나서 글을 쓰는 것이 좋습니다.

회화 MODUL SPRECHEN

- 시험장에서 배정된 다른 응시자와 함께 대화하는 방식으로 진행됩니다. 파티나 소모임과 같은 간단한 계획을 함께 세우기, 하나의 주제에 대해 발표하기, 파트너와 토론하기가 출제됩니다.
- 평소에 듣고 말하는 연습을 해 보는 것이 좋습니다. 문장을 만들고 바로 말로 표현할 수 있도록 연습해야 합니다.
- 익숙하지 않은 주제가 나와도 당황하지 말고, 최선을 다해서 주제에 대해 대화를 이끌어 나가야 합니다. 또한 상대방의 말에 적절하게 피드백하는 것도 중요합니다.

Teil 1
Einführung

Einführung

기초 문법 다지기

문장 성분 Satzbau

독일어 학습의 최종 목표는 주어진 상황에 맞게 필요한 문장을 구사하여 의사소통을 자유롭게 하는 데 있습니다. 이를 위해서는 문장의 각 구성 요소와 그에 따른 기능 및 상호관계를 정확히 파악하는 것이 중요합니다.

1 문장의 구성 요소 Satzglieder

Subjekt	Wer oder Was?	주어(-은/-는/-이/-가)
Prädikat	Aktion	동사
Objekt	Wen oder Was?	목적어(-을/-를)
	Wem oder Was?	목적어(-에게)

2 평서문

주어	동사	목적어
Ich	**lerne**	**Deutsch.**
나는	공부한다	독일어를

독일어의 기본 어순은 **주어 + 동사 + 목적어** 입니다. 주어와 동사는 문장 구성에 있어 필수 요소이지만, 동사 다음에 어떤 목적어가 필요한지에 따라 어순이 결정되므로 이 또한 유의할 필요가 있습니다.

동사의 격 지배 Rektion der Verben

특정 동사는 특정 격을 필요로 합니다. 대부분의 독일어 동사는 4격 목적어를 갖습니다. 동사에 따라 목적어가 정해집니다. 독일어에서 대부분의 동사는 4격 목적어를 필요로 하나, 몇몇 특정 동사는 필요로 하는 격이 각각 다르므로 주의해야 합니다.

Ich lerne eine Fremdsprache. 나는 외국어를 배운다.

lernen^{Akkusativ}(den, die, das),(einen,eine, ein)

Übung 아래에서 4격을 필요로 하는 알맞은 동사와 부정관사를 채워 넣으세요.

machen, lesen, haben, brauchen, besuchen, hören, trinken, rauchen

1 Yuna _____ seit drei Wochen _____ Diät.

2 Ich _____ abends gern _____ Buch.

3 Mein Vater _____ jeden Abend _____ Bier.

4 Susi _____ nur _____ Bruder.

5 Meine Tochter _____ abends immer _____ CD von Benjamin Blümchen.

6 Ich _____ _____ neues Sofa.

7 Er _____ heute _____ Freundin von ihm.

8 Du _____ schon wieder _____ Zigarette.

4격 지배 동사 Verben mit Akkusativ

1 4격 관사, 부정관사, 부정관사의 인칭변화

Pronomen, Negativpartikel, unbestimmter Artikel im Akkusativ

남성	여성	중성	복수	뜻
den	die	das	die	∼를/∼을
einen	eine	ein	---	∼를/∼을*
meinen	meine	mein	meine	나의 ∼를/을
keinen	keine	kein	keine	하나도... 조금도
jeden	jede	Jedes	alle	누구나/다

＊ 부정관사(einen, eine, ein)는 사람 혹은 사물을 처음 지칭하거나 특정하게 정해진 내용이 없어 일반적인 경우,
  수량이 하나일 때 목적어 앞에 사용합니다.

　　🔲 Ich habe ein neues Auto.

2 4격 대명사의 인칭변화

Personalpronomen im Akkusativ

주격		목적격	
ich	나는/내가	**mich**	나를
du/Sie	너는/네가 당신은/당신이	**dich/Sie**	너를/당신을
er	그는/그가	**ihn**	그를
sie	그녀는/그녀가	sie	그녀를
es	그것은/그것이	es	그것을
wir	우리는/우리가	**uns**	우리를
ihr	너희는/너희가	**euch/Sie**	너희를
sie	그들은/그들이	sie	그들을

3 4격 지배 동사

Liste mit den wichtigsten Akkusativverben

lernen	배우다, 습득하다	Ich lerne eine Fremdsprache. 나는 외국어를 배운다.
haben	가지다, 소유하다	Ich habe Hunger. 나는 배고프다.
machen	만들다	Ich mache einen <u>leckeren</u> Kuchen. _{맛있는} 나는 케이크를 만든다.
heißen	불리다	Ich heiße Yujin. 내 이름은 유진이다.
sehen	보다, 구경하다	Ich sehe ein Flugzeug <u>am Himmel</u>. _{하늘에} 나는 하늘에서 나는 비행기를 본다.
finden	찾아내다, 발견하다	Ich finde[1] ein Portemonnaie. 나는 지갑을 찾는다.
hören	듣다, 들리다	Sie hört ein <u>merkwürdiges</u> Geräusch. _{수상한, 이상한} 그녀는 수상한 소리를 듣는다.
halten	붙잡다	Er hält eine Zigarette <u>in der Hand</u>. _{손에} 그는 담배를 손에 쥐고 있다.
nehmen	잡다	Ich nehme einen Döner. 나는 되너[2] 케밥을 주문한다.
kennen	알고 있다	Ich kenne einen <u>guten</u> Frisör. _{좋은, 추천할 만한} 나는 실력이 좋은 미용사를 알고 있다.
bekommen	받다, 인수하다	Ich bekomme <u>nächsten Monat</u> die Schlüssel. _{다음달} 나는 다음 달에 열쇠를 받는다.
bestellen	주문하다, 예약하다	Ich bestelle ein Buch <u>im Internet</u>. _{인터넷에서} 나는 인터넷에서 책을 주문한다.
brauchen	필요로 하다	Ich brauche eine Jacke. 나는 자켓이 필요하다.
essen	먹다	Ich esse ein Eis. 나는 아이스크림을 먹는다.

kaufen	사다, 구입하다	Ich habe neue Schuhe gekauft. 나는 새로운 신발을 샀다.
lesen	읽다	Ich lese <u>morgens</u> <u>immer</u> eine Zeitung. 아침에 항상 나는 아침마다 신문을 읽는다.
nehmen	잡다, 쥐다	Ich nehme Medikamente. 나는 약을 복용한다.
trinken	마시다	Ich trinke ein Bier. 나는 맥주를 마신다.
vergessen	잊다	Ich vergesse nie einen Termin. 나는 약속을 절대로 잊지 않는다.
verlieren	잃다	Sie verliert immer ihren Regenschirm. 그녀는 항상 우산을 잃어버린다.
verstehen	이해하다, 양해하다	Ich verstehe kein Japanisch. 나는 일본어를 전혀 이해하지 못한다.

---

1 finden은 두 가지 의미를 가지고 있다. ① 찾다 ② 생각하다 z.B. 나는 ~라고 생각한다 (Ich finde, dass....)

2 터키식 고기, 야채가 들어가는 빵. 케밥과 비슷하다.

Übung 01 문장을 구성해 보세요. Bilden Sie die Sätze.

Nominativ + Verb + Akkusativ

Ich / meine Schlüssel / finde / nicht 나는 열쇠를 못 찾고 있다
→ **Ich finde meine Schlüssel nicht.**

Nominativ + Verb + Akkusativ + nicht.

1 ein Visum / bekomme / ich 나는 비자를 받는다

2 bestelle / ich / eine CD / im Internet 나는 인터넷에서 CD를 주문한다

3 eine neue Tasche / Anna / braucht 안나는 새로운 가방이 필요하다

4 warmes Wetter / wir / haben 우리는 좋은 날씨를 가지고 있다[3] "오늘 날씨 좋다"

5 hört / man / den Verkehr / draußen auf der Straße
건물 밖 도로에서 자동차 소리가 들린다

6 verstehe / ich / den Satz / nicht 나는 이 문장을 이해하지 못한다

7 bekomme / kalte Hände / ich 나는 손이 차갑다

8 die Übersicht / ich / verliere / immer mehr 나는 점점 흐름을 놓치고 있다

---

[3] 직역하면 좋은 날씨를 가지고 있다고 해석할 수 있으나 본래 의미는 오늘 날씨가 좋다는 뜻

schaden	해치다, 손상시키다	Rauchen schadet der Gesundheit. 흡연은 몸에 해롭다.
schmecken	~맛이 나다	Das Essen schmeckt mir nicht. 음식이 맛이 없다.
vertrauen	신뢰하다	Ich vertraue ihm. 나는 그를 신뢰한다.
verzeihen	용서하다	Ich verzeihe ihr nicht. 나는 그녀를 용서하지 않는다.

---

[1] Recht herzlichen Dank와 같은 의미

[2] 'Von 뒤에 나오는 내용을 안 하길 바란다.'라는 의미

문장을 구성해 보세요. Bilden Sie die Sätze.

> **Nominativ + Verb + Dativ**
>
> ähnelt / Das Kind / seiner Mutter 그 아이는 엄마를 닮았다
> ## → **Das Kind ähnelt** seiner Mutter.
> Nominativ + Verb + Dativ

1 sie / nicht / antwortet / mir 그녀는 나에게 대답하지 않는다

2 ich / meiner alten Lehrerin / bin / begegnet 나는 예전 은사님을 우연히 만났다

3 ich / für Ihre Mithilfe / Ihnen / danke 도와주셔서 감사합니다

4 fehlen / mir / im Portemonnaie / 20 Euro 제 지갑에서 20유로가 없어졌어요 (지금 없다)

5 folgen / mir / Sie / ! 저를 따라오세요

6 diese Gegend / mir / gefällt 이 동네 마음에 드네요

7 ihr / gehören / die Schlüssel 이 열쇠는 그녀의 것입니다

8 das Rezept / mir / fast immer / gelingt 이 레시피는 항상 성공적이야 (이 레시피대로 요리를 하면 항상 성공적이다)

9 das / mir / genügt / einfach nicht 그것만으로는 충분하지 않다

10 ich / glaube / dem Angeklagten 나는 피고(인)을 믿는다

11 ich / dir / zu deinem Führerschein / gratuliere 면허증 취득 합격을 축하해

12 beim Umzug / ich / helfe / dir 이사 도와줄게

vertrauen: (sie, ihr Vater) = Sie vertraute ihrem Vater.

1 gehören: (diese Bücher, ich)

= _____.

2 sagen: (die Wahrheit, du, ich)

= _____.

3 gefallen: (ich, die Musik, nicht)

= _____.

4 gehören: (die Schuhe, nicht, ich)

= _____.

5 danken: (für das Geschenk, du, ich)

= _____.

6 schmeckt: (der Kaffee, nicht, ich)

= _____.

7 helfen: (ich, du)

= _____.

8 glauben: (ich, der Mann, nicht)

= _____.

1 나는 그에게 조심하도록 권고한다. (zur Vorsicht, raten, ich, er)

= _____ .

2 매연은 환경을 오염시킨다. (Abgase, die Umwelt, schaden)

= _____ .

3 네가 만든 음식은 항상 맛있다. (dein Essen, immer, schmeckt, ich)

= _____ .

4 나는 너를 완전히 믿는다. (blind, vertrauen, du, ich)

= _____ .

5 용서할게. (verzeihen, du, ich)

= _____ .

3/4격 지배 동사
Verben mit Dativ und Akkusativ

3-4격 지배 동사 Dativ-und Akkusativverben

bringen	가지고 가다	Ich bringe **dir** einen Kaffee. 나는 네게 커피를 가져다 준다.
servieren	시중들다, 접대하다	Der Kellner serviert **uns** das Essen. 웨이터가 우리에게 음식을 서빙한다.
zeigen	가르쳐 주다	Der Polizist zeigt **ihr** den Weg. 경찰이 그녀에게 길을 안내해 준다.
erklären	설명하다	Der Lehrer erklärt **ihm** die Hausaufgaben. 선생님이 그에게 숙제를 설명한다.
diktieren	받아쓰기 하다. (어떤 단어의) 철자를 말하다	Ich diktiere **Ihnen** meinen Namen. 나는 당신에게 내 이름의 철자를 말해 준다.
geben	주다	Sie gab **ihm** ein Geschenk. 그녀는 그에게 선물을 주었다.
senden	보내다	Ich sende **Ihnen** die Antragsformulare. 나는 당신에게 신청서를 송부합니다.
sagen	말하다	Ich sage **ihm** meine Meinung. 나는 그에게 내 의견을 말한다.
wegnehmen	빼앗다	Die Eltern nehmen **dem Kind** das Handy weg. 부모님은 아이에게서 핸드폰을 빼앗았다.

구문을 사용하여 아래와 같이 문장을 구성하세요.
Üben Sie nach dem folgenden Muster.

Nominativ + Verb + Dativ + Akkusativ

1 Ich schicke _____ _____.
(die Sekretärin, seine Kündigung) 나는 비서에게 나의 사직서를 보낸다.

2 Die Schülerin sagt _____ _____.
(der Lehrer, die Wahrheit) 여고생이 선생님께 진실을 말씀드린다.

3 Ich schicke _____ _____.
(seine Familie, der Gruß) 나는 가족에게 안부 인사를 보낸다.

4 Ich zeige _____ _____.
(der Fußgänger, der Weg) 나는 지나가는 사람에게 길을 안내해 준다(보여준다).

5 Der Präsident schreibt _____ _____.
(die Angehörigen, der Brief) 대통령이 친지에게 편지를 쓴다.

Übung 02 문장을 만들어 보세요.
Bilden Sie die Sätze in der richtigen Reihenfolge.

1 zeigt - der Lehrer - einen Film - den Schülern
_____.

2 der Hausmeister - dem Studenten - erklärt - die Hausregeln
_____.

3 diktiert - der Sekretärin - ihren Namen - die koreanische Mieterin
_____.

4 ich - dir - etwas - bringe - mit
_____.

5 den Gästen - serviert - der Kellner - das Essen
_____.

2격 지배 동사 Verben mit Genitiv

2격 지배 동사들은 가장 다루기 힘든 동사입니다. 법률 용어나 기관에서 사용하는 용어와 같은 전문적인 단어가 많습니다.

동사		예시
sich erfreuen	즐기다, 누리다	Ich erfreue mich an den Blumen. 나는 이 꽃을 (받아서) 기쁘다.
bedürfen	필요하다	Die Aufführung im Altenheim bedarf einer Genehmigung. 양로원에서 공연하려면 허가가 필요하다.
anklagen	기소하다	Er ist des Mordes angeklagt. 그가 살인죄로 기소됐다.
beschuldigen	잘못된 행동에 대해 비난을 받다, 혹은 이에 대한 책임을 돌리다	Der Mann wird der Tat beschuldigt. 그의 그러한 행동은 비난받는다.
bezichtigen	혐의를 제기하다	Sie bezichtigen ihn der Spionage. 그들은 그를 간첩으로 여긴다.

 TIPP!

sich erfreuen

1. **기쁘게 하다, 만족시키다**
   Ihr Besuch erfreut mich sehr. 방문해 주셔서 감사합니다.
   Über diese Ehrung bin ich sehr erfreut. 이렇게 영광스러운 일을 겪게 되어 매우 기쁩니다.

2. **신뢰받다, 인기를 누리다**
   Der Politiker erfreut sich des Vertrauens der Wähler. 그 정치인은 유권자에게 신뢰받는다.
   　　　　　　　　　　　　　　　　　　　　　(유권자들이 그 정치인을 신뢰한다)
   Er erfreut sich großer Beliebtheit. 그는 큰 인기를 누리고 있다.

1격 지배 동사 Verben mit Nominativ (Gleichsetzungsnominativ)

1격 지배 동사는 문장 구성 요소에서 주어와 동사 뒤에 둘다 1격 명사를 갖습니다.
따라서 〈주어 + 동사 + Gleichsetzungsnominativ〉 형태로 기억하시면 됩니다.
1격 지배 동사는 다음과 같습니다.
werden(되다), heißen(불리우다), bleiben(머무르다), gelten (als)(간주되다)
z.B. Er gilt als Alleskönner. 그는 모든 것을 할 수 있는 능력자로 간주된다.

Nominativ + Nominativ

Verben: sein, werden, heißen, gelten(als), bleiben,

예시:

1. Hier ist ein Bleistift.
2. Das ist ein Roboter.
3. Ich werde ein guter Lehrer.
4. Sina ist Koreanerin.
5. Ich heiße 유진(Yujin).

---

1. Er gilt als Alleskönner.	1. 그는 만능이다.
2. Mein Großvater war ein reicher Mann.	2. 우리 할아버지는 부자셨다.
3. Mein Hund ist ein liebes Tier.	3. 나의 강아지는 착하다.
4. Er ist ein Frechdachs.	4. 그는 장난꾸러기다.
5. Sie heißt Yuna.	5. 그녀의 이름은 유나다.
6. Er bleibt ein Betrüger.	6. 그는 사기꾼으로 기억될 거야.
7. Unser Nachbar ist ein begeisterter Gärtner.	7. 우리 이웃은 정원 일을 열심히 한다.

명사의 수와 격
Die 4 Fälle im Deutschen

1 단수 Singular

정관사에 속하는 단어들	dieser jener mancher welcher	이, 바로 앞의 저, 그 전편의 여럿의, 수많은 어느, 어느 것의
부정관사에 속하는 단어들	kein mein, dein, sein unser, euer, ihr irgendein was für ein	하나도 ... 않다 나의, 너의, 그의 우리의, 너희들의, 그들의 그 어떤(것) 어떤

	남성 maskulin(m.)	여성 feminin(f.)	중성 neutrum(n.)	
1격 Nominativ	der Mann ein Mann	die Frau eine Frau	das Kind ein Kind	~은/는/이/가
2격 Genitiv	des Mannes eines Mannes	der Frau einer Frau	des Kindes eines Kindes	~의
3격 Dativ	dem Mann einem Mann	der Frau einer Frau	dem Kind einem Kind	~에게
4격 Akkusativ	den Mann einen Mann	die Frau eine Frau	das Kind ein Kind	~을/를

2 복수 Plural

복수 정관사에 속하는 단어들	alle keine meine(deine, seine, 　unsere, eure, ihre) diese jene manche solche	모든 하나도 … 않다 나의 …들(너의 …들, 그의 …들, 　우리의 …들, 너희의 …들, 그들의 …들) 이 …들 저 …들 여럿의 …들 이러한, 그런
복수 부정관사에 속하는 단어들	zahlen(zwei, drei, 　vier, hundert etc.) viel etliche einige wenige	둘의, 셋의, 넷의, 100의 등 많은 …들 두서넛 몇몇의 적은

	정관사 der bestimmte Artikel	부정관사 der unbestimmte Artikel
1격	die Väter	–
2격	der Väter	–
3격	den Vätern	–
4격	die Väter	–

3 N-변화 N-Deklination

명사 변화 중 단수에서 어미에 -n이 붙는 특수한 경우입니다. 이에 해당되는 명사는 대부분 남성명사인 경우가 많으며 본명사의 어미가 -e로 끝납니다. 변화형은 2, 3, 4격 명사 단수형에 -n을 붙이면 됩니다. 아래를 참조하세요.

N-Deklination의 형태	단수	복수
1격 Nominativ	der Kunde	die Kunden
2격 Genitiv	des Kunden	der Kunden
3격 Dativ	dem Kunden	den Kunden
4격 Akkusativ	den Kunden	die Kunden

1. e- 로 끝나는 남성명사	der Kunde, der Junge, der Kollege, der Neffe, der Laie, der Experte, der Zeuge, der Erbe, der Bote, der Lebensgefährte
2. e로 끝나지 않는 남성명사	der Bauer, der Held, der Kamerad, der Herr(die Herren)
3. e로 끝나는 동물	der Affe, der Löwe, der Hase, der Rabe
4. e로 끝나는 주민의 명칭	der Brite, der Bulgare, der Däne, der Franzose, der Ire
5. -ant/-and/-est/-ist 로 끝나는 명사	der Doktorand, der Demonstrant, der Elefant, der Lieferant, der Musikant, der Präsident, der Produzent, der Student, der Terrorist, der Journalist, der Kapitalist, der Kommunist, der Polizist, der Utopist
6. 직업 명칭 (그리스어에서 파생)	der Biologe, der Demokrat, der Diplomat, der Fotograf, der Architekt, der Philosoph, der Katholik, der Therapeut etc.
7. 또한	der Bär, der Nachbar, der Herr, der Soldat, der Automat, der Diamant
8. 예외	das Herz, der Buchstabe, der Gedanke, der Name

아래의 격을 사용하여 맞는 단어를 고르세요.

1   der Mann   = _____(1격)   남자가

2   das Kind   = _____(3격)   아이에게

3   der Mantel   = _____(4격)   코트를

4   der Eigentümer   = _____(2격)   주인의

5   die Geschäftsführerin   = _____(1격)   사장님이

6   der Freund   = _____(3격)   친구에게

7   der Verwandte   = _____(4격)   친척을

8   die Bewohnerin   = _____(2격)   거주자의

Übung 02   알맞은 목적어를 사용하여 문장을 완성하세요.

Eis	**schmeckt**	**allen Kindern.**	모든 아이들은 아이스크림을 좋아한다.
1격 단수	동사	3격 복수	

1   Ich glaube d____ Zeugen nicht.

2   Meine Eltern schicken mein____ Bruder ein Paket nach Korea.

3   Die Aktionäre vertrauen d____ Managerin.

4   (Zu viel) Stress schadet d____ Menschen.

5   Das Geld nützt d____ Erben nicht.

해석 ᐳ 1. 나는 증인을 믿지 않는다.
2. 부모님이 남동생/형에게 소포를 보내 준다.
3. 주주들이 (여성)매니저를 신뢰한다.
4. 너무 많은 스트레스를 받는 것은 건강에 해롭다.
5. 돈은 상속자들에게 필요 없다.

Der Verkäufer streitet sich mit dem *Kunden*.
점원은 고객과 논쟁한다.

N-Deklination명사

1　Der Kundendienst repariert _____.　der Automat
고객서비스센터는 자동 판매기를 수리한다.

2　Der Tourist fotografiert _____.　der Affe
관광객은 원숭이 사진을 찍는다.

3　Der Anwalt telefoniert mit _____.　der Architekt
변호사가 건축가와 통화 중입니다.

4　Ich ärgere mich über _____.　der Nachbar
내 이웃은 나를 화나게 한다.

5　Der Journalist interviewt _____.　der Präsident
기자가 대통령을 인터뷰한다.

6　Die Kamera gehört _____.　der Fotograf
카메라는 사진작가의 소유이다.

7　Ich helfe _____.　der Junge
나는 소년을 돕는다.

8　Die Polizei verhaftet _____.　der Student
경찰이 대학생을 체포한다.

9　Ich frage _____.　der Spezialist
나는 전문가에게 묻는다.

Übung 04 아래의 알맞은 소유격을 골라 넣어 문장을 완성하세요.

> **Das ist das Mobiltelefon _des Diplomaten_.**
> 이것이 외교관의 휴대전화입니다.

N-Deklination명사

1 Das ist das Fahrrad _____.
   이것은 우편 배달부의 자전거입니다.

der Postbote

2 Das sind die Spuren _____.
   이것들은 곰의 흔적입니다.

der Bär

3 Das sind die Kinder _____.
   이분은 내 인생의 동반자(남편)입니다.

der Lebensgefährte

4 Die Fragen _____ sind knifflig.
   기자의 질문은 까다롭다.

der Journalist

5 Der Vortrag _____ ist sehr anschaulich.
   생물학자의 강의는 매우 생생하다.

der Biologe

Lektion 9 형용사의 한정적, 서술적 용법 Adjektive

1 형용사의 한정적, 서술적 용법

schön		
서술적　　　**prädikativ**		**attributiv**　　　한정적
Die Wohnung ist schön.		Die schön-e Wohnung ist teuer.
Der Wagen ist schön. Die Schuhe sind schön. Die Landschaft ist schön.		Der schön-e Wagen ist teuer. Die neu-en Schuhe sind schön Die schön-e Landschaft ist herrlich.

형용사의 한정적, 서술적 형태를 비교하세요.

1. Der Termin ist sehr wichtig.　　　　　→　Ich habe heute einen wichtig-en Termin.
2. Der Streit war sehr heftig.　　　　　　→　Ich hatte heute einen heftig-en Streit.
3. Der Zug fährt ziemlich schnell.　　　　→　Ich nehme heute einen schnell-en Zug.
4. Die Fragen bleiben unbeantwortet.　　→　Ich bedauere die unbeantwortet-en Fragen.
5. Die Aufführung gefällt mir sehr gut.　 →　Die gute Aufführung findet heute nicht statt.
6. Meine Bewunderung für Sie ist sehr groß. →　Ich hege große Bewunderung für Sie.

해석 　1. 기한이 매우 중요하다. / 나는 오늘 중요한 약속이 있다.
　　　　2. 다툼은 매우 심했다/심각했다. / 나는 오늘 심하게 싸웠다.
　　　　3. 기차가 아주 빨리 달린다. / 나는 오늘 빠른 기차를 탄다.
　　　　4. 질문들은 답이 없다. / 나는 대답하지 않은 질문을 유감스럽게 생각한다.
　　　　5. 나는 이 공연이 아주 마음에 든다. / 좋은 공연이 오늘 열리지 않습니다.
　　　　6. 당신에 대한 감탄은 아주 커요. / 나는 당신을 존경합니다.

🎯 TIPP!

(ganz) schön + 형용사 : schön의 뜻이 '적지 않은, 꽤 많은, 심한, 대단한'으로 바뀝니다.

Das ist ganz schön teuer! (진짜) 비싸다!
Der Junge ist ganz schön frech. 이 소년이 뻔뻔스럽네. 말을 (진짜) 안 듣네.

2 형용사의 어미변화 한 눈에 보기
Die Adjektivdeklination auf einen Blick

Singular	남성 maskulin	여성 feminin	중성 neutrum	
1격 Nominativ	der nette Lehrer ein netter Lehrer 친절한 선생님이	die nette Lehrerin eine nette Lehrerin 친절한 여선생님이	das liebe Kind ein liebes Kind 착한 아이가	e -er -e -es
2격 Genitiv	des netten Lehrers eines netten Lehrers 친절한 선생님의	der netten Lehrerin einer netten Lehrerin 친절한 여선생님의	des lieben Kindes eines lieben Kindes 착한 아이의	en en
3격 Dativ	dem netten Lehrer einem netten Lehrer 친절한 선생님에게	der netten Lehrerin einer netten Lehrerin 친절한 여선생님에게	dem lieben Kind einem lieben Kind 착한 아이에게	en en
4격 Akkusativ	den netten Lehrer einen netten Lehrer 친절한 선생님을	die nette Lehrerin eine nette Lehrerin 친절한 여선생님을	das liebe Kind ein liebes Kind 착한 아이를	e -en -e -es

> ▶원어민의 꿀팁!

인사 할 때 schön의 사용 방법

[recht] Schöne Grüße an Ihren Mann 남편에게 안부 전해주세요
Haben Sie recht schönen Dank 대단히 감사합니다
Danke schön, Bitte schön 고마워요/감사합니다, 천만에요

참고: 형용사의 복수 형태

1격 Nominativ	die netten Lehrer nette Lehrer* 친절한 선생님들	en e
2격 Genitiv	der netten Lehrer netter Lehrer 친절한 선생님들의	en er
3격 Dativ	den netten Lehrern netten Lehrern 친절한 선생님들에게	en en
4격 Akkusativ	die netten Lehrer nette Lehrer 친절한 선생님들을	en e

* 부정관사 복수의 형태는 존재하지 않습니다.

Übung 01 형용사의 어미변화를 연습해 봅시다.
Übungen mit dem Adjektiv.

1 Ich habe ein _____(neu) Auto.
나는 (새로운) 차가 있다.

2 Er hilft seiner _____(alt) Tante.
그는 (나이가 드신) 이모를 돕는다.

3 Sie dankt ihrem _____(alt) Schulfreund.
그녀는 (오래된) 학교 동창에게 감사해 한다.

4 Ich esse gern _____(frisch) Brot.
저는 (신선한) 빵을 좋아합니다.

5 Er besitzt ein _____(teuer) Haus.
그는 (비싼) 집을 소유하고있다.

6 Ich brauche _____(neu) Schuhe.
나는 (새) 신발이 필요합니다.

7 Ich trinke gern _____(italienisch) Wein.
나는 (이탈리아산) 와인을 즐겨 마셔.

형용사를 알맞게 빈칸에 넣으세요.

Setzen Sie das passende Adjektiv ein.

1 Ein _____(ehrgeizig) Musikstudent übt täglich mehrere Stunden.

2 Der Professor beobachtet den _____(talentiert) Musikstudenten.

3 Ein Professor bietet dem Studenten einen _____ (begehrt) Studienplatz an.

4 Die Freundin des _____(ehrgeizig) Musikstudenten freut sich für ihn.

5 Die _____(jung) Frau kauft eine _____ (rot) Rose.

6 Ihr Freund liebt _____(rot) Rosen.

해석 ▶ 1. 큰 열정을 가진 음대생이 매일 몇 시간씩 연습한다.
2. 그 교수는 재능이 있는 음대생을 유심히 지켜본다.
3. 그 교수는 음대생에게 아주 매력적인 입학 제안을 한다.
4. 큰 열정을 가지고 있는 음대생의 여자친구는 그를 축하해 준다.
5. 젊은 여성은 빨간 장미꽃을 구매한다.
6. 그녀의 남자친구는 빨간 장미꽃을 좋아한다.

전치사, 부사구 정리
Adverbiale Angaben

1 장소 전치사 Lokalpräpositionen

장소	전치사	Wo? Dativ(~에) Ich bin...	Wohin Akkusativ(~로) Ich fahre / gehe....
건물(안), 학교기관, 식당	in	in der Schule im(=in dem) Kindergarten in der Universität im(=in dem) Zimmer in einem Restaurant	in die Schule (학교) im(=in dem) Kindergarten (유치원) in die Universität (대학교) ins(=in das) Zimmer (방) in ein Restaurant (식당)
근방 지칭		im Garten im Wasser im Sportstadion	in den Garten (정원) ins Wasser (물) ins Sportstadion (스포츠 경기장)
나라, 대륙, 도시	in	in Korea in Asien in Seoul in die Türkei	nach Korea (한국) nach Asien (아시아) nach Seoul (서울) Ausnahmen: Länder mit Artikel (예외: 관사를 쓰는 나라들) in die Türkei (터키) (die Türkei, die Schweiz, die USA *복수) (터키, 스위스, 미국 등) (der Irak, der Jemen, der Iran etc.) (이란, 예멘, 이란 등) (die Niederlande, die Vereinigten Staaten) (네덜란드, 미연합중국)
방향	nach		nach Norden, nach Osten, nach Süden, nach Westen (북쪽으로, 동쪽으로, 남쪽으로, 서쪽으로) nach oben, nach unten (위로, 아래로)
*예외 Hause		zu Hause (집에)	nach Hause (집으로)

경계, 근처, 물가	an	am(an dem) See an der Küste an der Grenze zu Nordkorea	an den See (호수) an die Küste (해변) an die Grenze zu Nordkorea (북한)
주변보다 높은 곳, 평평한, 열린 공간 섬 잔치 혹은 축제 ＊예외 auf die Bank	auf	auf dem Berg auf dem Sportplatz auf der Wiese auf einer Insel auf einem Geburtstag auf einer Hochzeit auf einer Betriebsfeier auf der Post auf der Bank	auf den Berg (산) auf den Sportplatz (운동장) auf die Wiese (초원) auf eine Insel (섬) auf einen Geburtstag (생일) auf eine Hochzeit (결혼식) auf eine Betriebsfeier (회사 파티, 회식) auf die Post (우체국) auf die Bank (은행) ＊정기적으로 방문하는 건물!
사람 지점	zu	bei meinen Eltern bei meinen Verwandten am Bahnhof in/auf/an der Post im Hotel Adlon im Bezirksamt	zu meinen Eltern (부모님) zu Verwandten (친척) zum Bahnhof (역) zur Post (우체국) zum Hotel Adlon (아들론 호텔) zum Bezirksamt (구청)

 TIPP!

Ich gehe **zur** Uni. 나는 대학교에 간다.
Ich gehe **auf** die Uni. 나는 대학교에 재학 중이다.

Ich gehe **in** die Post. 나는 우체국으로 간다 / 나는 우체국 안으로 간다.
Ich gehe **auf** die Post. 정기적으로 가는 우체국으로 간다.

2 시간 전치사 Temporalpräpositionen

시간을 표현하는 방법

시간	전치사		
시간, 하루 중 특정한 때	um	um 7 Uhr um Mitternacht	7시에 심야에
날짜 요일 특정일 하루 중 일부	am	am 10.11.1979 am Sonntag am letzten Tag am Freitagnachmittag am Sonntagnachmittag am Morgen am Abend am Nachmittag am Vormittag *(in der Nacht)	1979년 11월 10일 일요일에 마지막 날에 금요일 오후에 일요일 오후에 아침에 저녁에 오후에 오전에 밤에
달, 계절, 년도	im	im Januar im Winter im 21. Jahrhundert in 2017	1월에 가을에 21세기에 2017년에
휴일	an	an Ostern an Weihnachten an Pfingsten am Wochenende	부활절에 (서남쪽 독일어) 크리스마스에 오순절에 주말에
대략적인 시간	gegen	gegen 13 Uhr gegen Ende des 19. Jahrhunderts	13시경 19세기 말쯤에
종교적인 축제 시대	zu	zu Weihnachten zu Ostern zu Pfingsten zur Zeit meiner Eltern zur Zeit Napoleons	크리스마스에 (북동쪽 독일어) 부활절에 오순절에 부모님 시대 나폴레옹 시대

TIPP!

Anfang- Mitte- Ende + 월 = 무관사(Nullartikel)

Ich fliege Anfang/Mitte/Ende Mai nach Korea. (○)
Ich fliege <u>am</u> Anfang/Mitte/Ende Mai nach Korea. (x)

≫원어민의 꿀팁!

크리스마스에 어디를 갑니다!

Ich fliege an/zu Weihnachten nach Korea.
나는 크리스마스에 한국을 간다.

Ich fliege über Weihnachten nach Korea.
나는 크리스마스 동안 한국을 간다.

1   Ich bin   _____ dem Schulhof.(학교 운동장)

2   _____ dem Balkon.(발코니)

3   _____ dem Wald.(숲)

4   _____ dem Garten.(정원)

5   _____ dem Turm.(탑)

6   _____ dem Schwimmbad.(수영장)

7   _____ der Gallerie.(갤러리)

8   _____ der Post.(우체국)

9   Ich gehe   _____ die Straße.(길)

10   _____ die Kirche.(교회)

11   _____ das Museum.(박물관)

12   _____ den Park.(공원)

13   Ich fahre   _____ den See.(호수)

14   _____ das Meer.(바다)

15   _____ die Insel Rügen.(뤼겐 섬)

16   Ich steige   _____ den Berg.(산)

문장을 완성하세요.

1 Wann bist du _____?(Hause)

2 Ich gehe nach der Arbeit sofort _____.(Hause)

3 Ich arbeite _____.(die Schweiz)

4 Wir schlafen heute _____.(die Jugendherberge)

5 Warst du schon einmal _____.
   (die Insel Helgoland)

6 Der Lehrer schickte den Schüler _____.
   (das Sekretariat)

7 Sie heiraten _____.(das Standesamt)[1]

8 Er wohnt _____.(Goethestraße)[2]

9 Ich muss _____.(die Toilette)

---

[1] 독일은 우리나라와 다르게 혼인신고를 하는 시청에서 결혼식을 올리기도 합니다.

[2] 독일은 예전부터 '도로명 주소'를 사용했습니다. 미국의 'Street'과 같다고 보시면 됩니다.

해석 ◀))▶ 1. 언제 집에 올 거야?
2. 일을 마치고 집에 돌아간다.
3. 나는 스위스에서 일한다.
4. 우리는 오늘 유스호스텔에서 잔다.
5. 너 Helgoland 섬에 가 본 적 있어?
6. 선생님이 학생을 행정실로 보냈다.
7. 그들은 시청에서 결혼한다.
8. 그는 Goethestraße에 살고 있다.
9. 나는 화장실에 가야 해.

Übung 03   전치사를 써 넣으세요.

1 _____ Montag

2 _____ Ostern

3 _____ Dienstagnachmittag

4 _____ 12 Uhr(정확한 시간)

5 _____ der Nacht

6 _____ Sommer

7 _____ 16 Uhr(대략)

8 _____ Zeit König Sejongs

9 _____ Ende des 20. Jahrhunderts

10 _____ Mitternacht

11 _____ Weihnachten

알맞은 전치사를 사용하여 문장을 만드세요.

예시

우리는 오후에 전시회를 방문합니다.
wir / besuchen / der Nachmittag / die Ausstellung

주어	동사	시간	(4격 목적어) 동사
Wir	besuchen	am Nachmittag	eine Ausstellung.

1   고객은 6월 13일 2시에 도착합니다.

der Kunde / kommen / der 13. Juni / 14 Uhr

주어	동사	시간	장소	(4격 목적어) 동사

2   나는 화요일 오후에 한국으로 간다.

ich / fliegen / der Dienstagnachmittag / nach Korea

주어	동사	시간	장소	(4격 목적어) 동사

예시

Ich / zum Potsdamer Platz / am Freitagnachmittag / fahre

주어	동사	시간	장소	(4격 목적어) 동사
Ich	fahre	am Freitagnachmittag	zum Potsdamer Platz	

1 nach Hamburg / Er / fährt / über Weihnachten

주어	동사	시간	장소	(4격 목적어) 동사

2 Ich / gehe / in die Kantine / gerade

주어	동사	시간	장소	(4격 목적어) 동사

3 Sara / sucht / den Mann fürs Leben(결혼하고 싶은 남자)

주어	동사	시간	장소	(4격 목적어) 동사

4 Sina / um 12 Uhr / am Bahnhof / kommt..an

주어	동사	시간	장소	(4격 목적어) 동사

5 die U-Bahn / Ich / nehme / jeden Montagmorgen

주어	동사	시간	장소	(4격 목적어) 동사

유형별 필수 표현

일상을 묘사하기
einen Tagesablauf beschreiben

1 나는 ...입니다.

Ich heiße (이름).

Ich heiße Yujin Chung. 나는 정유진입니다.

> ≫원어민의 꿀팁! Hallo, ich bin **die** Yujin.
> 자기 이름 앞에 die(여성)/der(남성)붙이면 원어민에게 더 친근하게 느껴질 수 있습니다.

2 나의 하루는 ...시에 시작한다.

Mein Tag beginnt um (시간) Uhr.

Mein Tag beginnt um 6:30 Uhr. 나의 하루는 6시 30분에 시작한다.

Mein Arbeitstag beginnt immer um 10 Uhr. 나의 일과는 10시에 시작됩니다.

Mein Morgen beginnt immer mit einem Kaffee. 나는 항상 커피를 마시며 아침을 시작한다.

3 나는 ... 타고 ...로 간다.

Ich fahre mit+ DAT (차량) zu + DAT (직장/어학원).

Ich fahre mit dem Auto zur Arbeit. 나는 차를 타고 출근합니다.

Ich fahre mit dem Bus ins Büro. 나는 버스를 타고 사무실로 갑니다.

Ich fahre mit dem Fahrrad zur Uni. 나는 자전거를 타고 대학교로 갑니다.

4 나는 ...입니다 그리고 ....에서 왔습니다. (... 출신이다)

Ich bin(직업) und komme aus(나라).

Ich bin Studentin und komme aus Korea. 나는 여대생이고 한국에서 왔습니다.[1]

Ich bin Hausfrau und komme aus Korea. 나는 주부이며 한국 출신입니다.

Ich bin Schüler.... 나는 학생이며...

---

[1] 독일어로는 현재형으로 쓰였으나 한국어의 특성상 과거형으로 해석하는 것이 더 자연스럽습니다.

5 현재는 ...을 ....에서 배우고 있습니다.

Momentan lerne ich (과목) an + DAT(기관).

Momentan lerne ich Deutsch an der Sprachschule. 저는 현재 어학원에서 독일어를 배웁니다.

Momentan studiere ich an der (이름) Universität. 현재 (이름) 대학교 재학 중입니다.

6 나는 (...에 있는) ...을 준비하고 있다.

Ich bereite mich für + AKK(시험) an +DAT(기관) vor.

Ich bereite mich für die Aufnahmeprüfung an der Musikhochschule vor. 음대입시를 준비합니다.

Ich bereite mich auf das Studienkolleg[2] vor. 대학입시예비과정을 준비 중입니다.

Ich bereite mich auf meine B1 Prüfung vor. 나는 B1 독일어능력시험을 준비 중입니다.

7 저는 오전에 ...강의에 참석합니다.

Morgens besuche ich die (수업) an + DAT(장소).

Morgens besuche ich die Vorlesungen an meiner Universität. 오전에 강의를 들으러 갑니다.

Morgens gehe ich eine Runde joggen. 아침마다 조깅 한 바퀴를 돕니다.

Morgens jobbe ich im Cafe. 아침마다 카페에서 일을 합니다.

8 오후에는 ....에 간다.

Nachmittags gehe ich in + AKK(장소).

Nachmittags sitze ich in der Bibliothek. 오후에는 도서관에 갑니다.

Nachmittags gehe ich ins Cafe. 오후에는 커피숍에 갑니다.

Nachmittags arbeite ich von zu Hause. 오후에는 집에서 일합니다.

9 때때로 ...를 만난다.

Manchmal treffe ich mich mit + DAT(사람).

Manchmal treffe ich mich mit (meinen) Kommilitonen. 이따금씩 나는 동기들을 만난다.

Manchmal treffe ich mich mit Freunden. 때때로 나는 친구를 만난다.

Manchmal treffe ich mich mit alten Bekannten. 때때로 나는 오랜 지인을 만난다.

---

[2] 독일 대학에 입학하기 전 자격 조건이 불충분할 경우 이수해야 하는 과정

부사구 : ~때문에 Kausale Angaben

~ 때문에(이유)	KAUSALE ANGABE
aus + Dat. (동기, 추상적 명사)	aus Mitleid ~에 대한 동정에서 aus Freundschaft 우정 때문에 aus Versehen 실수로 aus Erfahrung: aus eigener Erfahrung 경험에 의거하여 aus Überzeugung 확신(신념)에 의거하여
wegen + Gen. (이유, 원인)	wegen des schlechten Wetters 악천후 때문에 wegen Krankheit 병 때문에 wegen der Kinder 아이들 때문에 wegen eines Formfehlers 양식 오류로 인해 wegen verspäteter Lieferung 배달이 늦는 바람에
aufgrund + Gen. (이유, 원인)	aufgrund der Fakten 이 사실에 의거하여 aufgrund der Beteiligung 참여함으로 인해서 aufgrund der Marktverhältnisse 시장 정세에 따라 aufgrund dessen (앞에 언급된 사항) 때문에
vor + Dat. (영향)	vor Angst 두려움 때문에 vor Kälte 추위 때문에 vor Schmerzen 아파서

Unterschied zwischen „aus" und „vor "

aus + 명사 (의도적인 행동/감정)	vor + 명사 (본인 의사와 무관하게 하는 행동)
aus Freude aus Leidenschaft aus Zorn aus Angst aus Überzeugung	vor Freude vor Leidenschaft vor Zorn vor Angst vor Anstrengung

예 Sie zitterte **vor Angst**. 그녀는 무서워서 떨렸다. (자기도 모르게)
    Aus Angst ging sie nicht zum Zahnarzt. 그녀는 무서워서 치과에 안 갔다. (일부러)

주어진 한국어 표현을 독일어로 바꾸어 문장을 완성하세요.

**Wegen einer technischen Störung(die technische Störung 때문에)
verspätet sich die S-Bahn um 10 Minuten.**

1 _____(Angst 두려워서) das Falsche zu tun.

2 _____(das schlechte Wetter 악천후 때문에) bleibe ich zu Hause.

3 _____(die Liebe 사랑하기 때문에) trennte er sich von ihr.

4 _____(die Schmerzen 아파서) kommt sie ins Krankenhaus.

5 _____(die Freude 기뻐서) hüpfte sie in die Luft.

6 _____(die Angst 두려워서) zitterte sie am ganzen Körper.

7 _____(der Zorn 분노에 사로잡혀서) errötete sie.

알맞은 전치사를 사용하여 독일어로 바꾸어 쓰세요.

1 그는 모범적인 행실로 상을 받았다.
(모범적인 행동 das vorbildliche Verhalten)

_____ wurde ihm ein Orden verliehen.

2 그는 뛰어난 성적을 내어 입학시험에 합격했다.
(뛰어난 성적 die hervorragende Leistung)

_____ bestand er die Aufnahmeprüfung.

3 그녀는 훌륭한 영어실력을 가지고 있어 취직했다.
(훌륭한 영어 실력 die guten Englischkenntnisse)[1]

_____ bekam sie den Job(=die
Arbeitsstelle).

4 그녀는 실수로 유리컵을 쓰러뜨렸다.

(실수 das Versehen, 무엇을(사물을) 넘어뜨리다 etwas umkippen)

Sie kippte _____ das Glas um.

5 내 경험에 의하여 확신한다.

(자신의 경험 die eigene Erfahrung)

Ich kann das _____ bestätigen.

6 이 음료는 고함량의 설탕이 첨가되어 있어 추천하지 않습니다.

(고함량의 설탕 der hohe Zuckergehalt)

Das Getränk wird _____ nicht empfohlen.

7 새로 발생할 수 있는 테러에 대한 두려움 때문에 난민 숙박 시설이 폐쇄됐다.

(두려움 die Angst vor (etwas))

_____ vor neuen Anschlägen wurde die

Flüchtlingsunterkunft geschlossen.

---

[1] gute Deutschkenntnisse 훌륭한 독일어 실력 gute Japanischkenntnisse 훌륭한 일본어 실력
gute Chinesischkenntnisse 훌륭한 중국어 실력

사생활 묘사하기
eine private Woche beschreiben

한 주간 어떻게 보내시나요?	Wie sieht Ihre Woche denn so aus?
fernsehen	TV를 보다
Emails lesen/schreiben	이메일을 읽다/쓰다
die Zeitung/ein Buch lesen	신문을 보다/책을 읽다
morgens lange ausschlafen	아침에 충분히 자다(푹 자다)
telefonieren mit +DAT vs. anrufen	통화하다 vs. 전화를 걸다
einkaufen gehen, shoppen gehen	장을 보다, 쇼핑하다
Schuhe kaufen gehen	신발을 사러 가다
gute Musik hören	좋은 음악을 듣다
im Internet surfen	인터넷 한다/검색한다
soziale Netzwerke nutzen	소셜 네트워크 사용하다(z.B. 페이스북 하다)
Deutsch lernen	독일어를 공부하다
Vorlesung, Seminare, Kurse besuchen	강의, 세미나, 강좌를 듣다
etwas Schönes kochen	맛있는 음식을 요리하다
im Stau stehen	교통 체증에 걸리다
sich (abends) mit Freunden treffen	(저녁에) 친구를 만나다

 TIPP!

한국어	독일어
누구에게 **전화를 걸다**	누구를 **전화를 걸다**
Jemandem anrufen(x)	jemanden anrufen(o)

z.B.

Ich rufe dich an(o)	Ich rufe dir an(x)

Wie oft **siehst du fern**?

→ 나는 일주일에 다섯 번 정도 TV를 시청합니다. (fünfmal in der Woche)

Ich sehe fünfmal in der Woche fern.

1 Wie oft in der Woche liest du die Zeitung?

　→ 나는 아침마다 신문을 봅니다. (jeden Morgen/morgens)

_____

2 Wie viele Bücher lesen Sie im Monat?

　→ 한 달에 한 권의 책을 읽습니다. (im Monat)

_____

3 Wann triffst du dich (immer) mit Freunden?

　→ 저녁 때 친구를 만납니다. (abends)

_____

4 Mit wem telefonierst du? (jetzt)

　→ 지금 친구하고 전화 통화하는 중입니다. (jetzt, ein Freund)

_____

5 Wie oft gehst du in der Woche einkaufen?

　→ 나는 일주일에 한 번 정도 장을 보러 갑니다. (einmal in der Woche)

_____

6 Wie lange dauert die Vorstellung?

　→ 공연은 1시간 반 정도 진행됩니다.

_____

7   Was wollen wir heute Abend kochen?

→ 우리 맛있는 거 해 먹자. (Lass uns + 목적어 + 동사) (etwas Schönes(ugs.) 좋은 것, 맛있는 것)

_____

8   Was machst du gerade?

→ 지금 인터넷 하고 있어. (im Internet sein 인터넷 안에 있다(인터넷 하다))

_____

9   Was machen Sie am Wochenende?

→ 회식에 참석해야 합니다. (ein Geschäftsessen haben)

_____

10 Was machst du nach Feierabend?

→ 나 바지 사러 가야 해. (eine Hose kaufen)

_____

부사구 : ~위해 Finale Angaben

~ 하러(목표), ~위해서	FINALE ANGABEN
zu + DAT	zum Musikstudium 음악 공부 하러 zur Energiesparung 에너지 절약을 위해 zur Kontrolle 검사하기 위해 zur Erholung 쉬려고
zwecks + GEN	zwecks Sicherung der Qualität 품질 보안을 위해 zwecks Vermeidung längerer Wartezeiten 긴 대기 시간을 피하기 위해

다른 표현

mit dem Zweck, mit dem Ziel + 2격
Das Unternehmen ist **mit dem Ziel der Hilfe** gegründet worden.
회사는 구제의 목적으로 설립되었습니다.

그렇지 않으면, 그렇지 않다면

sonst, andernfalls / anderenfalls + 동사 + 주어 + 목적어

앞에서 배운 전치사를 사용하여 문장을 완성하세요.

Sie geht nach Deutschland **zum**_{zu + dem} **Musikstudium.** (das Musikstudium)

1 Ich bringe mein Handy _____ in die Werkstatt.
(die Reparatur)

2 Zollbeamte haben einige Studenten _____ angehalten.
(die Kontrolle)

3 Die Eltern schicken ihr Kind _____ ans Meer. (die Erholung)

4 _____ langer Wartezeiten zieht man eine Wartenummer.
(die Vermeidung)

5 Das Beweismaterial wurde _____ ins Labor geschickt.
(die Analyse)

6 Esther hat mir ihre Hausaufgabe _____ gegeben.
(das Durchlesen)

7 _____ zeigte die Professorin den Studenten einen
Filmausschnitt. (die Veranschaulichung)

8 _____ vor Verbrennungen müssen Sie Schutzhandschuhe
tragen. (der Schutz)

아래 예시와 같이 문장을 완성하세요.

Ich muss mich beeilen, den Zug / verpasse / ich / sonst
→ Ich muss mich beeilen, sonst verpasse ich den Zug.

1   Du musst dich schnell anmelden, keinen Platz / mehr / du / bekommst / sonst

_____

2   Ich melde meine Wohnung heute ab, den nächsten Monat / andernfalls / Miete / muss / ich / bezahlen

_____

3   Ich lese abends immer ein Buch, einschlafen / andernfalls / nicht / kann / ich

_____

4   Ich trinke vor der Vorlesung eine Tasse Kaffee, schlafe / andernfalls / ich / ein

_____

5   Du musst dich warm anziehen, erkältest / andernfalls / dich / du

_____

6   Du musst ein Praktikum machen, du / sonst / Betriebswirtschaftslehre / nicht / studieren / kannst

_____

7   Im Flugzeug musst du dein Handy ausschalten, andernfalls / die Elektronik / wird / gestört

_____

초대에 응하기
auf eine Einladung reagieren

1 감사의 뜻을 표하다 sich bedanken

Herzlichen Dank für die Einladung.	초대해 주셔서 대단히 감사합니다.
Ich bedanke mich sehr für die Einladung.	초대해 주셔서 매우 감사합니다.
Vielen Dank für die Einladung, ich habe mich sehr darüber gefreut.	초대해 주셔서 대단히 감사합니다. 매우 즐거운 시간이었습니다.
Ich besuche euch immer gern.	나는 너희들 방문하는 거 좋아해.
Ich nehme die Einladung liebend gerne an.	초대에 응하겠습니다.
Ich freue mich schon auf euch.	너희들 만나는 거 기대돼.
Ich kann es nicht abwarten, euch zu sehen	너희들 만나는 거 기다려진다.

2 초대/방문/약속을 취소하다 eine Einladung absagen

Leider kann ich nicht kommen. Tut mir leid, aber ich kann da nicht.	죄송하지만 못 가게 됐습니다. 죄송하지만, 그때 안 될 것 같습니다.
Entschuldigen Sie bitte, (aber) ich muss den Termin leider absagen.	죄송하지만, 약속을 취소해야 합니다.
Leider muss ich mich entschuldigen. Leider bin ich verhindert. Tut mir leid, da kann ich nicht.(ugs.)	죄송하지만, 불참의 뜻을 전해야 합니다.
Es tut mir leid, leider kann ich zu dem besagten Termin nicht. Tut mir leid, leider habe ich da keine Zeit.	죄송하지만, 약속 시간이 안 맞습니다.
Ich würde gerne kommen, leider bin ich geschäftlich verhindert.	저도 가고는 싶지만 그때 일이 있어서 안 될 것 같습니다.

1 **...해서 대단히 감사합니다.**

Herzlichen Dank für (Akk).

Herzlichen Dank für die Einladung. 초대해 주셔서 대단히 감사합니다.

Herzlichen Dank für die Einladung zum Abendessen. 저녁 식사에 초대해 주셔서 대단히 감사합니다.

2 **...에 방문하는 것을 항상 좋아합니다.**

Ich + 동사 + euch immer gern.

Ich besuche euch immer gern. 당신들을 방문하는 것을 항상 좋아합니다.

Ich besuche Berlin immer gern. 베를린에 방문하는 것을 항상 좋아합니다.

Ich besuche meine Eltern immer gern. 나의 부모님에게 방문하는 것을 항상 좋아합니다.

3 **나는 ... 기꺼이 받겠습니다.**

Ich nehme + 명사 + liebend gerne an.

Ich nehme den Preis liebend gern an. 나는 상을 기꺼이 받겠습니다.

4 **...하는 것을 기대하고 있다 (...해서 행복하다).**

Ich freue mich schon auf + AKK(목적어).

Ich freue mich schon auf euch. 너를 만나서 행복하다.

Ich freue mich schon auf den/deinen/euren Besuch. 너의 방문이 기다려진다.

Ich freue mich schon auf den Urlaub (mit dir). 너와 여행을 가서 행복하다.

Ich freue mich schon auf die Party heute Abend. 오늘 밤 파티가 기다려집니다.

Ich freue mich schon auf das Konzert heute Abend. 오늘 밤 콘서트가 기다려집니다.

Ich freue mich schon auf die Schweiz. 스위스에 정말 가고 싶다/
가서 너무 행복하다.

5 **...하는 걸 더 이상 기다릴 수 없다(학수고대하다).**

Ich kann es nicht abwarten, (목적어) zu (동사).

Ich kann es nicht abwarten, euch zu wiederzusehen. 너희를 만나는 게 너무 기다려져![1]

Ich kann es nicht abwarten, dich zu treffen. 너를 만나는 게 너무 기다려진다.

---

2 직역하면 '너희를 만나는 것을 더 이상 기다릴 수 없어!'이나 '너무 만나고 싶다'라는 표현으로 사용

6 유감스럽게도 나는 ...할 수 없다.

Entschuldigen Sie bitte, ich kann nicht + 동사.

Es tut mir leid, leider kann ich nicht + 동사.

Ich würde gerne + 동사, leider bin ich verhindert.

Leider kann ich nicht + (동사)

Leider kann ich nicht kommen.   유감스럽게도 나는 오늘 못 간다.

Leider kann ich nicht teilnehmen.   유감스럽게도 나는 오늘 참석할 수 없다.

Leider muss ich mich entschuldigen.   죄송하지만 취소해야만 합니다.

7 저는 갈 수 없습니다(시간이 안 된다).

Leider bin ich verhindert,

이유 ich habe im Moment viel zu tun.   할 일이 너무 많습니다.

8 날짜/시간이 안 맞네요.

Der Tag(die Uhrzeit) passt mir leider nicht,

이유 ich habe da einen wichtigen Termin.   중요한 약속이 있습니다.

9 죄송하지만, 그 시간에는 불가능합니다(시간이 없습니다).

Tut mir leid, da kann ich leider nicht,

이유 ich habe schon eine Verabredung.   선약이 있습니다.

3 식사초대 Einladungen zum Essen

einladen	초대하다
(gerne) kommen	방문하다, 참석하다
nicht teilnehmen	참석하지 않는다
nicht teilnehmen	참석하지 않는다
verhindert sein	방해 받다

 TIPP!

알아두면 좋은 표현

die Gartenparty, die Gartenfeier 가든 파티
die Abschiedsparty, die Abschiedsfeier, Abschiedsessen 송별회 및 식사
das Kaffeetrinken 티타임   das Arbeitsessen 회식   das Festessen 잔치, 파티
die Geburtstagsparty, die Geburtstagsfeier, das Geburtstagsfest, das Geburtstagsessen 생일파티

Darf ich Sie	zum Abendessen	einladen?	저녁식사에 초대해도 되겠습니까?	
	zum Mittagessen		점심식사에	"
	zum Essen		식사에	"
	zum Kaffeetrinken		티타임에	"
	zur Feier, zur Party		잔치, 파티에	"
	zu meiner Geburtstagsfeier		나의 생일파티에	"
	zu einer Grillparty, zum Grillen		그릴 파티, 그릴에	"
	zu unserer Hochzeit		저희 결혼식에	"

동사를 명사로 바꿔 보세요.

grillen → das Grillen

1	zu Abend essen	→	das _____
2	schmecken	→	der _____
3	Geburtstag feiern	→	die _____
4	frühstücken	→	das _____
5	zu Mittag essen	→	das _____
6	brunchen	→	der _____

Übung 02 다음 문장을 완성하세요.

1 티타임에 초대해 주셔서 정말로 감사해요.
für die Einladung / zum Kaffeetrinken / vielen Dank

_____

2 초대를 기꺼이 받겠습니다. (초대해 주셔서 감사합니다.)
die Einladung / nehme / ich / gerne / an

_____

3 그릴파티에 초대해도 되겠습니까?
zu einer Grillparty / darf / Sie / ich / einladen / ?

_____

4 시간이 안 맞네요. 제가 그때 선약이 있어요.
passt / leider / nicht / die Uhrzeit / da / habe / ich / eine Verabredung

_____

부사구: ~함으로써 Modale Angaben

~함으로써, ~을 가지고 (수단, 방법)	MODALE ANGABE
durch + Akk.	durch langsames Fahren 천천히 주행함으로써 durch die Verwendung von Zahlen und Großbuchstaben 숫자와 대문자를 사용함으로써 durch neue Werbestrategien 새로운 광고 전략을 적용함으로써
mit + Dat.	mit dem Messer 칼을 가지고 mit dem Besen 빗자루를 가지고 mit der Hand 손으로
mittels Gen.	mittels eines Passwortes 암호를 이용하여 mittels einer Handy-App 핸드폰 앱을 이용하여 mittels einer Einkommensteuer 소득세를 이용하여

1. a) **Durch langsames Fahren** spart man Benzin.

    b) Benzin spart man **durch langsames Fahren**.

       천천히 주행하면 휘발유를 절약할 수 있다.

2. a) Ich esse mein Brot immer **mit dem Messer**.

    b) **Mit dem Messer** esse ich immer mein Brot.

       나는 빵 먹을 때 칼을 사용한다.

3. a) **Mittels Groß-und Kleinbuchstaben** kann ich mein Passwort sicherer machen.

    b) Ich kann mein Passwort **mittels Groß-und Kleinbuchstaben** sicherer machen.

       대문자와 소문자 조합으로 암호를 안전하게 구성할 수 있습니다.

regelmäßiges Warten 규칙적으로 (기계를) 점검하다
→ *Durch regelmäßiges Warten hat man länger von dem Gerät.*

1　die Speicherung von Daten 데이터 저장

　_____ kann man Daten sichern.

2　die Einführung von einer Ökosteuer 환경세 도입

　_____ kann man die Umwelt schützen.

3　die Betreibung einer ökologischen Tierhaltung 친환경 방법으로 축사 운영

　_____ kann man eine gute
Lebensmittelqualität gewährleisten.

4　die Teilnahme an Weiterbildungsveranstaltungen 재교육 행사 참여

　_____ hat man gute Karrierechancen.

5　die Entwicklung neuer Werbestrategien 새로운 광고에 대한 전략 수립

　_____ kann man den Umsatz steigern.

해석 ·»)▶　1. 데이터를 저장하면 안전하게 데이터를 관리할 수 있습니다.
　　　　2. 환경세 도입으로 환경을 보호할 수 있습니다.
　　　　3. 친환경 방법의 축사 운영으로 음식의 품질을 보장할 수 있습니다.
　　　　4. 재교육 행사에 참여하면 커리어 관리에 좋습니다.
　　　　5. 새로운 광고에 대해 전략을 수립함으로써 매출을 올릴 수 있습니다.

Adverbiale Angaben üben. Analysieren nach dem folgenden Beispiel.

부사구를 연습해 봅시다. 아래 문장을 다음과 같이 분석해 보세요.

Aus Übermut trickste der Stürmer in der 55. Minute den Verteidiger am Strafraum elegant aus.

이유   시간   장소   방법

경기 시간 55분에, 수비수가 경솔한 행동을 함으로써 공격수가 수비수를 손쉽게 퇴장 시킬 수 있었다.

---

1 Die Fußballspieler kämpften gestern auf dem gegnerischen Platz mit allen Mitteln.

Die Fußballspieler kämpften gestern auf dem gegnerischen Platz mit allen Mitteln.

축구선수들이 상대 진영에서 온갖 수단을 동원해 싸운다.

---

2 Meine Katze hat gestern in eurem Garten einen Vogel gefangen.

Meine Katze hat gestern in eurem Garten einen Vogel gefangen.

내 고양이가 어제 너희 정원에 있던 새를 잡았어.

---

3 Im Einkaufsmarkt gibt es jeden Montag tolle Sonderangebote.

Im Einkaufsmarkt(= Supermarkt) gibt es jeden Montag tolle Sonderangebote.

매주 월요일 슈퍼마켓에서 특별 할인 행사가 있습니다.

4 Am Hauptbahnhof versammeln sich samstags viele Menschen.

Am Hauptbahnhof versammeln sich samstags viele Menschen.

토요일마다 중앙역에 사람들이 많이 모입니다.

5 Der Paketdienst lieferte die Pakete äußerst schnell und zuverlässig.

Der Paketdienst lieferte die Pakete äußerst schnell und zuverlässig.

우체국은 소포를 매우 빠르고 안전하게 배송합니다.

6 Wegen des heißen Wetters war das Schwimmbad nachmittags völlig überfüllt.

Wegen des heißen Wetters war das Schwimmbad nachmittags völlig überfüllt.

날씨가 더워서 수영장에 많은 인파가 몰렸습니다.

7 Heute trage ich wegen der Hitze eine kurze Hose.

Heute trage ich wegen der Hitze eine kurze Hose.

오늘 날씨가 무더워서 반바지를 입었습니다.

8 Der Mann schlägt vor Wut mit der Faust gegen die Wand.

Der Mann schlägt vor Wut mit der Faust gegen die Wand.

남자가 화가 나서 벽을 주먹으로 내리칩니다.

약속 정하기 einen Termin vereinbaren

1 약속 정하기

einen Termin vereinbaren	약속을 정하다
sich einen Termin geben lassen	
einen Termin bestimmen	
einen Termin verschieben	약속을 미루다
etwas auf einen späteren Termin verschieben	약속을 더 늦은 날짜로 미루다
einen Termin vertagen	약속을 다른 날로 바꾸다
einen Termin verlegen	약속을 다른 날로 바꾸다
einen Termin vorverlegen	약속을 앞당기다
einen Termin beim Arzt haben(angemeldet sein)	병원에 약속을 잡다
beim Anwalt	변호사와 약속을 잡다
*beim Arzt angemeldet sein	*(병원에) 예약을 하다
einen Termin wahrnehmen	기일에 출두하다
einen Termin einhalten	약속을 지키다
einen Termin versäumen (항상 과거)	약속을 놓치다
예 Ich habe den Termin versäumt.	예 나는 약속을 놓쳤다.
einen Termin absagen	약속을 취소하다
einen Termin aufheben	

2 약속 시간을 바꿀 때

Können wir den Termin verschieben?
우리 약속을 다른 날로 바꿀 수 있을까요?

Können wir das auf einen späteren Termin verschieben?
이 일을 다른 날로 미룰 수 있을까요?

Können wir unseren Termin vertagen?
기한을 다른 날로 연기할 수 있을까요?

Können wir unseren Termin verlegen?
기한을 다른 날로 연기할 수 있을까요?

3 새로운 약속을 시간을 잡을 때

Leider bin ich an dem Tag verhindert, **können wir (vielleicht) einen neuen Termin vereinbaren?**
죄송하지만 그날은 힘들 것 같아요. (혹시) 우리 약속 시간을 새로 잡을 수 있을까요?

Leider bin ich an dem Tag verhindert, **können Sie mir vielleicht einen anderen Termin geben?**
죄송하지만 그날은 힘들 것 같아요. 다른 시간으로 약속을 잡아 주실 수 있을까요?

Leider bin ich an dem Tag verhindert, **ich muss mir (vom Krankenhaus) einen neuen Termin geben lassen.**
죄송하지만 그날은 힘들어요. (병원에) 약속 시간을 새로 잡아달라고 해야 해요.

Leider bin ich an dem Tag verhindert, **wir müssen leider einen neuen Termin bestimmen.**
죄송하지만 그날은 힘들어요. 우리 약속 시간을 새로 잡아야 할 것 같아요.

4 약속을 취소할 때

Betreff: Terminabsage

Sehr geehrte/r Frau/Herr _____ ,

bedauerlicherweise sind Sie telefonisch nicht erreichbar, so dass ich unseren Termin per E-Mail absagen muss. Leider habe ich zur vereinbarten Zeit einen dringenden geschäftlichen Termin. Eventuelle Unannehmlichkeiten bitte ich zu entschuldigen und bedanke mich für Ihr Verständnis.

Freundliche Grüße,

Vor- und Nachname

해석 ·◈▶

관련: 약속 취소

존경하는 ....
유감스럽게도 전화상으로(유선상으로) 연락이 되지 않으셔서 이메일로 약속을 취소할 수밖에 없습니다. 아쉽지만 약속된 시간에 급한 업무 일정이 있습니다. 끝으로 불편하게 해 드린 점을 사과드리며 양해해 주셔서 감사합니다.

인사
이름, 성 드림

5 면접 약속 미루기

Muster 1

Sehr geehrte Frau Liebermann,

vielen herzlichen Dank für die Einladung zum Vorstellungsgespräch. Darüber habe ich mich sehr gefreut - nicht zuletzt, weil ich an der Position immer noch sehr interessiert bin.

Leider habe ich an dem vorgeschlagenen Termin schon eine wichtige private Verpflichtung (Hochzeit meines besten Freundes, ich bin Trauzeuge), die ich nicht verschieben kann. Deshalb müsste ich Sie bitten, einen anderen Termin zu finden. Als Alternative könnte ich Ihnen folgende Termine vorschlagen:

Montag, den 1.1.2018 um 10 Uhr

Mittwoch, den 3.1.2018 um 12.30Uhr

Donnerstag, den 4.1.2018 ab 8 Uhr

Ich hoffe, einer der genannten Termine kommt für Sie infrage. Ich freue mich auf Ihre baldige Rückmeldung und unser persönliches Kennenlernen.

Mit besten Grüßen

Muster 2

Sehr geehrter Herr Berthold,

Ihre Einladung zum Vorstellungsgespräch hat mich riesig gefreut - vielen Dank. Sie sind beim absoluter Wunscharbeitgeber!

Wie Sie aus meiner Bewerbung wissen, bin ich zurzeit noch beschäftigt und habe ausgerechnet an dem von Ihnen vorgeschlagenen Tag einen wichtigen und lange geplanten Kundentermin, den ich nicht verschieben kann. Ich bitte um Verständnis, dass wir daher einen Ausweichtermin für das Vorstellungsgespräch finden müssen - gerne auch kurzfristig.

Alternativ könnte ich Ihnen folgende Ersatztermine anbieten:

- Dienstag, den 2.1.2018
- Freitag, den 5.1.2018

Falls das von Ihrer Seite aus nicht passt, können Sie mich gerne auch abends ab 18 Uhr mobil zurückrufen unter 0177-777777 und wir finden einen anderen Gesprächstermin. Ich danke für das Entgegenkommen und freue mich schon auf das persönliche Kennenlernen.

Mit freundlichen Grüßen

사례 1

존경하는 Ms. Liebermann에게,

우선, 면접에 초대해 주신 것을 진심으로 감사하게 생각합니다. 본래부터 본 업무에 관심이 많았기 때문에 면접 지원을 받고 매우 기뻤습니다.

하지만 유감스럽게도 말씀해 주신 날짜에는 중요한 약속이 잡혀있어서 (저와 매우 친한 친구의 결혼식이 있는데, 제가 증인을 섭니다) 미룰 수가 없습니다. 이에, 혹여 면접 시간을 변경해 주실 수 있을까 하여 여쭤봅니다.

제 선에서 잡아본 면접 가능 시간은 다음과 같습니다.

2018년 1월 1일 월요일 10시
2018년 1월 3일 수요일 12시 30분
2018년 1월 4일 목요일 8시 이후

상기에 명시한 시간에 혹시 가능하신 날짜가 있으면 말씀 부탁 드립니다. 빠른 답장 기대하고 있겠습니다. 면접에서 뵙기를 기대합니다.

감사합니다.

사례 2

존경하는 Mr. Berthold,

우선, 면접에 초대해 주셔서 너무 기쁩니다. 감사합니다. 왜냐하면 저는 제안해 주신 업무를 항상 해 보고 싶었기 때문입니다.

이미 제 지원서를 보시면 아시겠지만, 저는 현재 직장에 다니고 있습니다. 말씀해 주신 날에는 이미 고객과의 약속이 잡혀 있어서 불가피하게 연기가 불가능할 것 같습니다. 그래서 다른 날짜에 면접 약속을 잡아야 할 것 같은데 혹시 가능할까요? 제안해 주신 날 외에는 언제든지 가능합니다.

제 선에서 잡아본 면접 가능 시간은 다음과 같습니다.

· 2018년 1월 2일 화요일
· 2018년 1월 5일 금요일

혹여 말씀 드린 시간에도 상황이 여의치 않으실 경우 저녁 6시 이후에 제 핸드폰(0177-777777)으로 연락 주세요. 상의 후, 최대한 가능한 다른 시간을 찾으면 좋을 것 같습니다.

저에게 연락 주신 것을 다시 한번 감사 드리며 면접에서 직접 만나 뵐 수 있으면 좋겠습니다.

안녕히 계세요.

부사구: ~에도 불구하고
Konzessive Angaben

～에도 불구하고, ～인데도	KONZESSIVE ANGABEN
trotz + Gen.	trotz des Regens 비가 오는데도 불구하고 trotz des Nebels 안개가 끼었음에도 불구하고 trotz ihrer Bemühungen 노력을 했음에도 불구하고 trotz des Rauchverbots 흡연이 금지되어 있음에도 불구하고
ungeachtet + Gen. **(공식적)**	Ungeachtet der Warnung 경고했음에도 불구하고 Ungeachtet der vielen Menschen 사람이 많은데도 불구하고
＊명사 + zum Trotz	Allen negativen Prognosen zum Trotz hat er die Wahl gewonnen. 모든 부정적인 예측에도 불구하고, 그는 선거에서 이겼다.

1. 그녀는 날씨가 안 좋음에도 불구하고 함부르크로 간다.
   Trotz des schlechten Wetters fährt sie nach Hamburg.
   Sie ist **trotz des schlechten Wetters** nach Hamburg gefahren.

2. 그녀는 노력을 함에도 불구하고 발전이 없다.
   Trotz ihrer Bemühungen macht sie keine Fortschritte.
   Sie macht **trotz ihrer Bemühungen** keine Fortschritte.

3. 그는 월급을 많이 받아도 여자친구에게 뭘 사 주는 법이 전혀 없다.
   Trotz seines großen Gehalts lädt er seine Freundin nie ein.
   Er lädt seine Freundin **trotz seines großen Gehalts** nie ein.

4. 버스 정류장이 흡연 금지구역임에도 불구하고 많은 사람들이 정류소에서 담배를 피운다.
   Trotz des Rauchverbots rauchen die Leute an der Bushaltestelle.
   Die Leute rauchen **trotz des Rauchverbots** an der Bushaltestelle.

5. 계속되는 시위에도 불구하고 그는 대통령이 되었다.
   Trotz der anhaltenden Proteste wurde er Präsident.
   Er wurde **trotz der anhaltenden Proteste** Präsident.

Übung 01 전치사 trotz를 사용하여 부사구를 완성하세요.

> **die Warnung** 경고했는데도
> → *Trotz der Warnung*

1 die Erkältung 감기에 걸렸는데도

_____ geht sie zur Arbeit.

2 alle Vorsicht 조심을 했는데도

_____ war das Portemonnaie weg.

3 die hohen Preise 값이 비쌈에도 불구하고

_____ sind immer viele Gäste im Restaurant.

4 der schlechte Service 서비스가 안 좋은데도

_____ ist das Geschäft immer gut besucht.

5 das lange Warten 오래 기다렸지만

_____ bekommt der Reporter kein Interview.

다음 문장을 맞는 순서대로 만드세요.

pleite / Trotz effektiven Managements / das Unternehmen / ging (pleite gehen= 파산하다)

효과적인 재정 관리에도 불구하고, 그 회사는 파산했다.

→ *Trotz effektiven Managements ging das Unternehmen pleite.*

---

1 brach / der Film / alle Rekorde / trotz der harschen Kritik

(alle Rekorde brechen 최고 기록을 깨다)

평론가들의 혹평에도 불구하고, 영화는 흥행 기록을 경신했다.

→

2 trotz des Stromausfalls / niemand / beschwerte sich

(sich beschweren 불평하다, 불만을 호소하다)

정전이 일어났지만, 아무도 불평하지 않았다.

→

3 unserer Nachbarn / trotz der Bedenken / veranstaltet / eine Grillparty / er

(eine Grillparty veranstalten 그릴 파티를 열다)

이웃들의 걱정에도 불구하고, 그는 그릴 파티를 열었다.

→

4 nahmen / ihr Auto / trotz des Parkverbots / viele Besucher / auf das Fest

주차 금지임에도 불구하고, 많은 사람들이 축제에 차를 몰고 왔다.

→

5 vieler Schwierigkeiten / ungeachtet / wurde / das Projekt / durchgeführt

많은 어려움에도 불구하고 프로젝트가 진행되었다.

→

6 trotz Streikdrohungen / habe / den Bus / ich / genommen

파업위협에도 불구하고, 나는 버스를 탔다.

→

주제에 대한 의견 말하기
persönliche Meinung zu einem Thema (작문 과제 2)

1 의견을 나타내는 표현

문어체	Schriftsprachliche Variante
Meiner Meinung nach + 동 + 주 + 목 Meiner Ansicht nach Meiner Auffassung nach	제 생각에는, 내가 보기에는
Ich bin der Meinung, dass 주 + 목 + 동 Ich bin der Ansicht, dass Ich bin der Auffassug, dass	제 생각에는, 내가 보기에는
Ich finde, dass + 주 + 목 + 동	제 생각에는, 내가 보기에는

2 찬성과 반대를 나타내는 표현

1 ... 동의한다

Ich bin für( ) / Ich bin dafür, dass 주 + 목 + 동

Ich bin dafür, dass Handys an Schulen verboten werden.
(etwas soll verboten werden 금지하다)
나는 학교에서 휴대폰 사용이 금지되어야 함에 동의한다.

2 ... 찬성한다

Ich spreche mich dafür aus, dass 주 + 목 + 동

Ich spreche mich dafür aus, dass Fahrradhelme Pflicht werden.
나는 자전거 헬멧을 써야 하는 것이 의무가 되어야 한다고 생각한다.

3 반대할 이유가 없다

Es gibt keinen Grund zur Annahme, dass 주 + 목 + 동

Es gibt keine Grund zur Annahme, dass Rauchen in der Öffentlichkeit verboten werden sollte.
공공장소에서 흡연을 금지하는 것에 반대할 이유가 없다.

3 자신의 의견을 표현하는 방법

Thema: Sollten Kinder ein Handy besitzen? (아이들이 휴대전화를 소유해야 합니까?)

구성	표현	예문
Einleitung (neutral) 서론	wichtig finden interessant finden gut finden sinnvoll finden schlimm finden	Ich finde das Thema wichtig. Ich finde das Thema interessant. Ich finde das Thema gut. Ich finde das Thema sinnvoll. Ich finde das Thema schlimm.
자신의 의견 (찬성)	dafür sein	Ich bin dafür, dass Kinder ein Handy besitzen.
Beispiel 예시	-im Notfall Erreichbar sein	(...), weil sie im Notfall erreichbar sind. (...), weil zu viel Handystrahlen das Gehirn schädigen.
자신의 의견 (반대)	dagegen sein	Ich bin dagegen, dass
Beispiel 예시	- schnell süchtig nach Spielen werden	(...), weil Kinder schnell süchtig nach Spielen werden.
Vorteile 장점	- einen positiven Einfluss haben auf (사람 4격)	Handys haben einen positiven Einfluss auf Kinder.
Nachteile 단점	negative Folgen haben	Handys haben negative Folgen für Kinder.
Situation im Heimatland 고국 상황에 대한 설명	(es) geben (man) oft sehen	In meinem Heimatland Südkorea gibt es viele Kinder mit Handys. In meinem Heimatland Südkorea sieht man oft Kinder mit Handys.
persönliche Meinung 자신의 의견(강조)	nicht einfach sein schwierig sein etwas tun müssen Maßnahmen treffen	Es ist schwierig, eine Lösung zu finden.

부사구와 부사절
Angaben und Adverbialsätze

1 부사구와 부사절 구분 Angaben und Angabensätze

	부사구	부사절
temporal 시간	bei + Dat. Bei Feiern gibt es viel zu essen.	wenn Wenn man feiert, (..)
	zu + Dat Zu Beginn der Ferien wurde der Lehrer krank.	als
	vor + Dat.	bevor
	während + Gen.	während/solange
	nach + Dat.	nachdem
	mit +Dat.	Sobald
kausal 이유	wegen + Gen.	weil, da
final 목적	zu + Dat.	um..zu, damit
konzessiv 반대	trotz + Gen.	obwohl
modal 방법	durch + Akk.	indem, dadurch, dass
konditional 조건	bei + Dat.	wenn
konsekutiv 결과	zu + Dat.	sodass
adversativ 반대	anstelle, (an) statt + Gen.	anstatt, dass

2 부사구를 부사절로 바꾸기

Angaben 부사구 (formell) 부사구 + 동 + 주 + 목	⟷	Angabensätze 부사절 (meist informell) (종속절, 주절)
Beim Abwasch verlor sie ihren Ring. 그녀는 설거지 할 때 그녀의 반지를 잃어버렸다.	시간 temporal	**Als sie abwusch,** verlor sie ihren Ring. Oder **Als sie den Abwasch machte,** (...) 그녀는 설거지 하는 동안 그녀의 반지를 잃어버렸다.
Wegen des Regens blieb sie zu Hause. 비 때문에, 그녀는 집에 머물렀다.	이유 kausal	**Weil es regnete,** blieb sie zu Hause. 비가 오고 있었기 때문에 그녀는 집에 머물렀다.
Zum Zeitvertreib ging sie in die Bar. 시간을 보내기 위해 그녀는 술집에 갔다.	목적 final	Sie ging in die Bar, **um sich die Zeit zu vertreiben.** Sie ging in die Bar, **damit sie sich die Zeit vertreiben konnte.** 그녀는 바에 시간을 보내기 위해 갔다.
Durch langsames Fahren spart man Benzin. 천천히 운전하면 벤진(휘발유)을 절약할 수 있습니다.	방법 modal	**Indem man langsam fährt,** spart man Benzin. 천천히 운전하면 휘발유를 절약할 수 있습니다.
Trotz der teuren Miete nahmen sie die Wohnung. 비싼 임대료에도 불구하고 그들은 아파트를 선택했다.	반대 konzessiv	**Obwohl die Miete teuer war,** nahmen sie die Wohnung. 집세는 비쌌지만 아파트를 선택했다.

temporal (〜때)

1   Zur Weihnachtszeit sind die Geschäfte voller Menschen. (Weihnachten sein)

_____

2   Zu Prüfungsbeginn gehen alle Studenten in die Bibliothek lernen. (Prüfungen beginnen)

_____

3   Nach dem Wettkampf ging der Verein ins Restaurant. (die Wettkämpfe beginnen)

_____

4   Während der Ferien haben die Kaufhäuser geschlossen. (Ferien sein)

_____

kausal (〜때문에)

5   Wegen fehlenden Internets kann ich die Email nicht schicken. (kein Internet haben)

_____

6   Wegen des kaputten Kabels funktioniert der Drucker nicht. (Kabel kaputt sein)

_____

7   Wegen des Stromausfalls ist die Datei verloren gegangen. (Stromausfall geben)

_____

8 Wegen seines fehlenden Terminkalenders ist Herr Kim aufgeregt.
  (Terminkalender nicht haben)

  _____

9 Wegen des klingelnden Telefons kann die Sekretärin nicht arbeiten.
  (das Telefon klingeln)

  _____

final (～위해)

10 Zum Entspannen geht sie nach der Arbeit in die Sauna. (sich
   entspannen)

   _____

11 Zum Herauslassen der Fahrgäste öffnet der Busfahrer die Türen.
   (herauslassen)

   _____

12 Ich fahre zum Tanken auf die Tankstelle. (tanken)

   _____

13 Ich fahre zum Urlaub in die Türkei.

   _____

modal (～함으로써)

14 Durch den Kauf von Fairtrade Produkten können wir helfen.

   _____

15 Durch den Anstieg der Exporte floriert die Wirtschaft des Landes.

   _____

16 Die Schule wurde durch einen Brand zerstört.

_____

17 Durch Lesen verbessern sie ihre sprachlichen Fähigkeiten.

_____

konzessiv (~불구하고)

18 Trotz eifrigen Trainings konnte er sein Ziel nicht erreichen.

_____

19 Trotz Schnees fuhren die Busse regelmäßig.

_____

20 Trotz des Verbots benutzen Schüler ihr Handy im Unterricht.

_____

21 Trotz der sinkenden Arbeitslosenzahlen wohnen viele Kinder bei ihren Eltern.

_____

Frauen wollen keine Kinder(,)

예시: weil sie Angst vor der Verantwortung haben. (die Angst)
  → *aus Angst vor der Verantwortung.*

1 weil Erziehungsprobleme mit Kindern und Jugendlichen zunehmen. (die Erziehungsprobleme)

_____

2 weil die finanzielle Belastung groß ist. (die finanzielle Belastung)

_____

3 weil sie Karriere machen wollen. (die Karriere)

_____

4 weil viele Partnerschaften instabil sind. (die Instabilität vieler Partnerschaften)

_____

5 weil die Gesellschaft keine Kinder akzeptiert. (die kinderfeindliche Gesellschaft)

_____

6 weil man lieber für das Auto spart. (das Auto)

_____

7 weil man sich lieber mit Freunden trifft. (die Freunde)

_____

Ich fahre ins Ausland zum Kennenlernen fremder Kulturen.
  a) **Ich fahre ins Ausland, damit ich fremde Kulturen kennenlernen kann.**
    접속사 + 주 + 목 + 동
  b) **Ich fahre ins Ausland, um fremde Kulturen kennenzulernen.**
    접속사 + 주 + 목 + zu + 동원

1 Ich kaufe ein Wörterbuch **zum Verbessern meiner Deutschkenntnisse**.
   (Deutsch verbessern)

   a) _____

   b) _____

2 **Zum besseren Einschlafen** trinkt er abends heiße Milch.
   (besser einschlafen können)

   a) _____

   b) _____

3 **Ich höre im Auto Nachrichten zur besseren Information.**
   (informiert sein)

   a) _____

   b) _____

4 Ich gebe ihm meine Hausschlüssel **zum Gießen meiner Blumen**.
   (Blumen gießen)

   a) _____

   b) _____

주제 발표하기
ein Thema präsentieren (회화 과제 2)

주제 발표하기

Thema: Brauchen Kinder Mobiltelefone? (아이들이 휴대전화를 가지고 다닙니까?)

구성	동사	예문
Thema Vorstellen 주제 소개	als Thema haben	Ich habe als Thema „Brauchen Kinder Handys".
	über ein Thema sprechen	Ich möchte über das Thema („...") sprechen.
	ein Thema wählen	Ich habe das Thema („...") gewählt.
	sich für ein Thema entscheiden	Ich habe mich für das Thema („...") entschieden.
주제 소개(2) 강조	es gehen um es sich handeln um viel diskutieren über	Es geht um Kinder und Mobiltelefone. Bei dem Thema handelt es sich um Kinder und Mobiltelefone.
발표 순서 소개하기	Als erstes..+동+주+목 danach... .+동+주+목 anschließend... . +동+주+목	Als erstes werde ich von meinen persönlichen Erfahrungen berichten. Danach spreche ich über die Situation in meinem Heimatland. Anschließend nenne ich die Vor-und Nachteile Am Ende stelle meine eigene Meinung zu dem Thema vor.
Persönliche Erfahrung 자신의 경험	von seinen persönlichen Erfahrungen erzählen/ berichten	Ich würde (jetzt) gern von meinen persönlichen Erfahrungen sprechen. Ich möchte gern von meinen persönlichen Erfahrungen berichten.

Beispiel aus dem Heimatland 출신 국가의 상황에 대한 설명	Bei uns+동+주+목	Bei uns besitzen viele Kinder ein sogenanntes Handyphone.
	In meinem Heimatland +동+주+목	In meinem Heimatland Südkorea besitzen viele Kinder ein Mobiltelefon.
	Ein Beispiel nennen	Ich möchte Ihnen ein Beispiel aus meiner Heimat nennen.
Beispiel 1 예시 1		Handys haben einen positiven Einfluss auf Kinder.
Beispiel 2 예시 2		Handys haben negative Folgen für Kinder.
Vorteile 장점	In meinem Heimatland gibt es+목	In meinem Heimatland Südkorea gibt es viele Kinder mit Handys.
	In meinem Heimatland sieht man oft+목	In meinem Heimatland Südkorea sieht man oft Kinder mit Handys.
Nachteile 단점		Es ist schwierig eine Lösung zu finden.
Abschluss 맺음말		Es ist schwierig, 목+zu+동원 Mit diesen Worten beende ich meinen Vortrag/meine Präsentation. Damit beende ich meinen Vortrag.

간접의문문
Indirekter Fragesatz / dass-Satz

1 간접의문문 Indirekter Fragesatz / dass-Satz

> 의문사 없는 의문문 : Wohnt sie in Berlin?
>
> 의문사 있는 의문문 : Wo wohnt sie?
>
> 간접의문문 : Weißt du, wo sie wohnt?
>
> 간접의문문이란 의문문이 문장의 일부가 되는 것.

의문사 있는 간접의문 : W-Fragen

Weißt du, wohin sie gegangen sind? · 그들이 어디로 갔는지 아니?

Sie hat mich gefragt, wie der Unfall passiert ist. · 그녀는 내게 그 사건이 어떻게 일어나게 되었는지를 물었다.

Sie weiß nicht, wann sie gegangen sind. · 그녀는 그들이 언제 떠났는지 모른다.

의문사 없는 간접의문 : Ja/Nein-Fragen

Ich weiß nicht, ob sie verheiratet sind. · 나는 그들이 결혼했는지 모른다.

2 주절의 동사는 질문과 지식을 (wissen, kennen, sich fragen) 나타내는 동사

Ich weiß nicht, 주절	warum sie so früh nach Hause gegangen ist. 간접의의문	왜 이렇게 일찍 집에 갔는지 나도 모른다.
Weißt du, 주절	wer das ist? 간접의의문	저 분이 누군지 알아?
Weißt du, 주절	was du in der Zukunft werden willst? 간접의의문	앞으로 뭐가 되고 싶은지 알아?
Ich frage mich, 주절	was er gerade macht. 간접의의문	그가 지금 무엇을 하고 있는지 궁금해.

3 주절의 동사 예

Kannst du mir sagen / Können Sie mir sagen, 〈**ob** / 의문사〉 주 + 목 + 동
~얘기해 줄 수 있나요?

Wissen Sie,
~알고 계신가요?

Niemand weiß,
~은 아무도 모른다.

Unser Chef möchte wissen,
저의 사장이 알고 싶은 건 ~

Ich wüsste gern,
~알고 싶은데요.

Können Sie uns sagen,
~말씀해 주시겠어요?

더 정중한 표현

Kannst du...? Könntest du...? Könnten Sie?
~할 수 있어?   할 수 있겠어?   하시겠어요?
보통   공손한

Ich hätte gern gewusst,
제가 (기꺼이) 알고 싶은 건~

Könnten Sie mir sagen,
~에 대해 말해 주시겠어요?

4 목적어로 dass 절을 취하는 타동사 (동사 + dass 절)

~생각하다

denken	Ich denke, das ist die beste Entscheidung.
finden	Ich finde, es ist in Ordnung.
der Meinung sein	Ich bin der Meinung, dass man Dieselautos nicht verbieten sollte.

~것이라고 발표하다

ankündigen	Die Firma kündigte an, dass es eine Gehaltserhöhung geben wird.
erklären	Der Politiker erklärte, dass seine Doktorarbeit kein Plagiat ist.
bekannt geben	Die Präsidentin gab bekannt, dass sie zurücktreten wird.

~할 거라고 제안하다

empfehlen	Die Kellnerin empfahl, dass sie sich ans Fenster setzen.
vorschlagen	Ihre Freundin schlug vor, dass sie sich im Restaurant treffen.

〜할 거라고 나타내다

auf etw. hinweisen — Der Gast wies darauf hin, dass er eine Lebensmittelallergie hat.

〜할 거라고 예상하다

vorhersagen — Der Wetterbericht sagte voher, dass es am Wochenende regnen wird.

prognostizieren — Fachleute prognostizieren, dass sich die Wirtschaft positiv entwickeln wird.

im Voraus erkennen — Der Professor erkannte im Voraus, dass sie eine erfolgreiche Musikerin werden würde.

〜할 거라고 기대하다

erwarten — Der Professor erwartet, dass alle Studenten an einem Deutschkurs teilnehmen.

sich etw. erhoffen — Die Firma erhoffte sich, dass die Gewinne steigen würden.

annehmen — Ich nehme an, dass er morgen kommen wird.

vermuten — Ich vermute, dass er morgen ankommen wird.

mit etw. rechnen — Ich rechne damit, dass viele auf Busse umsteigen.

〜 한 것을 유감스러워하다

etw. bedauern — Er bedauerte, dass er ihren Geburtstag vergessen hat.

bereuen — Ich bereute, dass er abgesagt hat.

〜 할 것을 확인하다

etw. bestätigen — Die Sekretärin bestätigte, dass alle Unterlagen eingetroffen waren.

sich vergewissern — Die Studentin vergewisserte sich, dass alle notwendigen Unterlagen kopiert waren.

bekräftigen — Das Essen bekräftigte den Eindruck, dass das Restaurant gut war.

zusagen — Er sagte zu, dass er zu Party kommt.

의문사 없는 의문문	의문사 있는 의문문
Ich weiß es nicht. Ist er Arzt?	Weisst du? Wie viel brauchst du?
Ich weiß nicht, ob er Arzt ist.	Weisst du, wie viel du brauchst?
주절　　　　　　　의문사＋주＋목＋동	주절　　　　　　의문사＋주＋목＋동

1　Ich weiß nicht. Wo sind unsere Sitzplätze?

→

2　Was denkst du? Wie werden die Neuigkeiten sie beeinflussen?

→

3　Weißt du? Was ist Florian passiert?

→

4　Weißt du? Wann schließen die Geschäfte?

→

5　Weißt du? Öffnet die Bank am Samstag?

→

6　Weißt du? Ist er verheiratet?

→

7　Er weiß nicht. Wo ist sie?

→

8　Mich würde interessieren. Warum sind Sie nach Afrika gezogen?

→

9　Ich weiß. Wer kann dir helfen?

→

10　Unser Chef möchte wissen. Können Sie das Projekt bis Freitag abschließen?

→

11 Ich wüsste gern. Haben Sie Flachbildfernseher?

   →

12 Ich hätte gern gewusst. Kann ich die Frist verlängern?

   →

13 Können Sie mir sagen. Wann kommt Prof. Schmidt zurück?

   →

Übung 02 알맞은 단어를 고르세요.

1   Ich werde ihn fragen, (wie viel / wo) er für das Haus bezahlt hat.

2   Ich weiß nicht, (warum / ob) ich meine Freunde dieses Wochenende sehe.

3   Kannst du mir sagen, (wie viel / wann) deine Waschmaschine kaputt gegangen ist?

4   Sie hat vergessen, (wo / wer) sie ihr Auto geparkt hat.

5   Können Sie mir sagen, (wann / wo) die Vorstellung beginnt.

6   Ich würde gerne wissen, (wo / was) das Sekretariat ist.

7   Frag Frau Müller, (was / wie) ihre Tochter studiert.

8   Kannst du mir sagen, (woher / was) der Wein kommt?

더 예의바르게 말해 보세요. Formulieren Sie die Fragen höflicher.

예시: Wo ist die Toilette? :

Können Sie mir sagen, wo die Toilette ist?

의문사 + 목 + 동

1 Wie viel kostet das?

Können Sie mir sagen, _____?

2 Wo befindet sich die Universität Leipzig?

Können Sie mir sagen, _____?

3 Mit wem telefonieren Sie gerade?

Können Sie mir sagen, _____?

4 Welche Zimmernummer hat Frau Kim?

Können Sie mir sagen, _____?

TIPP!

So formuliert man noch höflicher:
Könnten Sie mir sagen, 의문사/**ob** + 목 + 동
Ich hätte gerne gewusst, 의문사/**ob** + 목 + 동

1   ... 명백하다

Es ist sicher, dass _____ .

그가 오지 않을 것이 명백하다. (nicht kommen)

2   ... (~은) 안되다

Es ist traurig, dass _____ .

그가 시험 불합격한 것은 안됐다. (die Prüfung nicht bestehen/in der Prüfung durchfallen)

3   ... 사실이다

Es stimmt, dass _____ .

그가 취직했다는 것은 사실이다. (eine neue Anstellung haben/einen neuen Job haben)

4   ... 문제다

Es ist ein Problem, dass _____ .

학생들이 공부를 안 해서 문제다. (Schüler lernen nicht)

5   ... 말했다

Man sagt, dass _____ .

온난화가 사실이라는 것을 말했다. (der Klimawandel, eine Tatsache sein)

6   ... 기억해

Denk daran, dass _____ .

때때로 침묵이 최고의 답이라는 것을 기억해. (besser sein, schweigen)

친구와 약속하기
eine Verabredungen planen

1 제안하기 etwas vorschlagen

Hast du Lust (mit mir), 목＋동사원형	**Hast du Lust**, einen Kaffee zu trinken.
Wollen wir(zusammen)＋목＋동 Lass uns＋목＋동 Vielleicht können wir＋목＋동 우리 ～할 수 있지 않을까? Sollen wir mal＋목＋동 우리 ～할까?	**Wollen wir** einen Kaffee trinken. **Lass uns** ins Kino gehen. **Vielleicht können wir** uns treffen? **Sollen wir mal** ins Museum gehen(ugs.)?

2 부탁하기 um etw. bitten

Kannst du mir bei (...) helfen? ～ 하는 거 도와줄 수 있니?	**Kannst du mir beim** Aufräumen **helfen?**
Hilfst du mir bei (...)? ～ 하는 거 도와줄 수 있니?	**Hilfst du mir beim** Abwaschen?

Übung 01 anschließend를 사용하여 각 상황에 맞는 질문을 하세요.

동사 + anschließend (~끝나고 ~하다)

anschließend = 그 후에, 그리고 나서, 곧이어

1   우리 영화 보러 갈래?

Hast du Lust mit mir ins Kino zu gehen?

(영화) 끝나고 나서 커피 마시러 가자.

_____ einen Kaffee trinken.

2   발표 도와줄 수 있니?

Kannst du mir bei meinem Vortrag helfen?

(발표) 끝나고 햄버거 먹으러 갈래?

_____ einen Hamburger essen gehen?

3   나 오늘 이사하는 거 도와줄 수 있어?

Hilfst du mir bei meinem Umzug?

(이사) 끝나고 아이스크림 먹으러 갈 수 있을까?

_____ ein Eis essen gehen?

4   내 프로젝트 도와줄 수 있니?

Könntest du mir bitte bei dem Projekt helfen.

(프로젝트) 끝나고 오페라 보러 갈까?

_____ in die Oper gehen.

Übung 02 제안하세요. Machen Sie einen Vorschlag.

1 ins Kino

_____.

2 etwas Schönes machen

_____.

3 beim Umzug helfen

_____.

4 Susi im Krankenhaus besuchen

_____.

5 am Wochenende vorbeikommen

_____.

Übung 03 다음 문장에서 알맞은 전치사(beim/bei der)에 동그라미 치고 단어를 넣으세요.

Kannst du mir beim/bei der .... helfen?
~하는 거 도와줄 수 있니?

1   der Abwasch

Kannst du mir (beim/bei der) _____ helfen.

2   der Umzug

Kannst du mir (beim/bei der) _____ helfen.

3   das Organisieren der Party

Kannst du mir (beim/bei der) _____ helfen.

4   das Aufräumen

Kannst du mir (beim/bei der) _____ helfen.

5   das Einräumen

Kannst du mir (beim/bei der) _____ helfen.

6   das Sortieren

Kannst du mir (beim/bei der) _____ helfen.

7   die Planung

Kannst du mir (beim/bei der) _____ helfen.

8.   die Wäsche

Kannst du mir (beim/bei der) _____ helfen.

🎯 TIPP!

남성/중성 beim
der Abwasch   –   beim(bei dem) Abwasch
das Organisieren   –   beim(bei dem) Organisieren der Party

여성 bei der
die Party   –   bei der Party

dass-절 dass-Satz

1 dass + 주어 + 동사: ~라는 것

dass절 앞에 나오는 동사들

sagen, erzählen, erklären, behaupten, denken, glauben, meinen, vermuten, annehmen, finden, hören, fühlen, wünschen, erwarten, hoffen, befürchten, wissen, vorhaben, planen, denken, sich freuen, sehen, schade sein, den Eindruck haben

2 Unpersönliche Konstruktionen:

Es freut mich, dass... 주 + 목 + 동
→ Es freut mich, dass du da bist.

Es ärgert mich, dass... 주 + 목 + 동
→ Es ärgert mich, dass mein Zug Verspätung hat.

Es wundert mich, dass... 주 + 목 + 동
→ Es wundert mich, dass er die Prüfung nicht geschafft hat.

Es tut mir leid, dass... 주 + 목 + 동
→ Es tut mir leid, dass du Wohnung nicht bekommen hast.

Es ist wichtig, dass... 주 + 목 + 동
→ Es ist wichtig, dass man alle Fenster schließt.

Es ist sicher, dass... 주 + 목 + 동
→ Es ist sicher, dass die Geschäfte morgen geschlossen haben.

Es stimmt, dass... 주 + 목 + 동
→ Es stimmt, dass er ein Koreaner ist.

Es kann sein, dass... 주 + 목 + 동
→ Es kann sein, dass sie morgen nicht kommt.

Es gefällt mir nicht, dass... 주 + 목 + 동
→ Es gefällt mir nicht, dass sie sich ständig Geld leiht.

Es ist (allgemein)bekannt, dass... 주 + 목 + 동
→ Es ist allgemein bekannt, dass Kimchi gesund ist.

독일어로 바꾸어 문장을 완성하세요.

와 줘서 기쁘네.
Ich freue mich, dass du gekommen bist. *오다 kommen

1   네가 도와줘서 기뻐.

Ich freue mich, dass _____

*도와주다 helfen (jm.)

2   네가 전화해 줘서 기뻐.

Ich freue mich, dass _____

*전화를 걸다 anrufen (jn.)

3   다시 건강해져서 기뻐.

Ich freue mich, dass _____

*회복하다 gesund sein/werden 건강을 되찾다 Gesundheit wiedererlangen(x)

4   네가 시험에 합격해서 기뻐.

Ich freue mich, dass _____

*합격하다 (die Prüfung) bestehen

5   네가 지갑을 되찾아서 기뻐.

Ich freue mich, dass _____

*지갑을 되찾다 sein Portemonnaie wiederfinden

6   네가 행복해서 기뻐.

Ich freue mich, dass _____

*행복하다 glücklich sein

7   네가 Sara와 약혼해서 기뻐.

Ich freue mich, dass _____

*약혼하다 sich verloben (mit + 이름)

er / Tisch reservieren

→ *Ich habe gehört, dass er einen Tisch reserviert hat.*

dass 주 + 목 + 동

1 Herr Kim und Frau Lee / heiraten. 김씨와 이씨가 결혼한다고 들었다.

Ich habe gehört, dass _____.

2 sie / Prüfung bestehen 그녀가 시험에 합격했다고 들었다.

Ich habe gehört, dass _____.

3 du / Termin / vergessen 당신이 약속을 잊었다고 들었다.

Ich habe gehört, dass _____.

4 er / seine Tasche / verlieren 그가 가방을 잃어버렸다고 들었다.

Ich habe gehört, dass _____.

5 Clara / ein Konzert / haben 클라라의 콘서트가 있다고 들었다.

Ich habe gehört, dass _____.

6 du / in Urlaub / fahren 당신이 여행을 간다고 들었다.

Ich habe gehört, dass _____.

7 Anna / der Vertrag / unterschreiben 안나가 계약서에 사인했다고 들었다.

Ich habe gehört, dass _____.

문장을 연습하세요.

Was ist schade? – Er hat keine Zeit.

→ *Es ist schade, dass er **keine Zeit hat.***

*keine Zeit haben-

1 Was freut dich? – Du hast die Prüfung bestanden.

Es freut mich, dass _____.

*die Prüfung bestehen-

2 Was ist wichtig? – Du gehst in die Sprachschule.

Es ist wichtig, dass _____.

*in die Sprachschule gehen-

3 Was stimmt? – Er verdient viel Geld.

Es stimmt, dass _____.

*viel Geld verdienen-

4 Was kann sein? – Heute Abend kommt ein Sturm.

Es stimmt, dass _____.

*ein Sturm kommen-

5 Was gefällt dir nicht? – Ich muss immer so viel arbeiten.

Es gefällt mir nicht, dass _____.

*so viel arbeiten-

6 Was stimmt? – Geld macht nicht glücklich.

Es stimmt, dass _____.

*nicht glücklich machen-

7 Was ist bekannt? – Die Universität München ist eine gute Universität.

Es ist allgemein bekannt, dass _____.

*eine gute Universität sein-

주제별 필수 표현

대학 공부와 외국어
Studium und Fremdsprachen

1 등록금, 등록금을 내다

die Studiengebühren, Studiengebühren zahlen

Früher musste man an deutschen Universitäten keine Studiengebühren zahlen.
독일 대학에서는 예전에는 등록금을 지불할 필요가 없었습니다.

2 유학, 유학을 가다

das Auslandsstudium, ein Auslandsstudium machen

Es gibt viele Gründe, ein Auslansstudium zu machen.
유학 가는 이유가 많다.

3 언어를 배우다

eine Sprache erlernen

Es ist nicht leicht, eine neue Sprache/Fremdsprache zu erlernen.
새로운 외국어를 배우는 것은 쉽지 않다.

4 언어 능력을 향상시키다

seine Sprachkenntnisse verbessern

Wenn man ein Auslandsstudium macht, kann man seine Sprachkenntnisse verbessern.
유학을 가면 언어 능력을 향상시킬 수 있습니다.

5 대학입학자격시험

das Abitur

Das Abitur ist eine Voraussetzung für ein Studium an einer Universität.
대학입학자격시험 합격은 대학교에서 공부하기 위한 전제 조건입니다.

6 교육

die Ausbildung(aber auch: die Schuldbildung)

Die Ausbildung im Ausland ist besser als in Korea. /
Die schulische Bildung im Ausland ist besser als in Korea.
외국에서의 교육이 한국에서의 교육보다 더 낫다.

7 평생교육

das lebenslange Lernen

Lebenslanges Lernen ist wichtig, da die beruflichen Anforderungen gestiegen sind.
평생교육은 직업상의 요구가 더 높아졌기 때문에 중요하다.

8 생활하기 위한 돈/생활비

das Geld zum Leben

Das Geld zum Leben bekommen viele Studierende von ihren Eltern.
많은 학생들은 생활하기 위한 돈을 부모로부터 받는다.

9 언어 강좌

der Sprachkurs, die Sprachkurse

Das Angebot reicht von Sprachkursen bis zu Informationstechnik.
프로그램은 언어 강좌에서부터 기술 과정에 이르기까지 다양합니다.

10 새로운 문화를 알아가다

eine neue Kultur kennenlernen

Bei einem Studium in Deutschland kann man eine neue Kultur kennenlernen.
해외유학을 할 때 새로운 문화를 알아갈 수 있다.

11 새로운 경험을 하다

neue Erfahrungen sammeln

Wenn man im Ausland lebt, sammelt man neue Erfahrungen.
해외 생활을 할 때 새로운 경험을 하게 한다.

12 다른 사람들 만나게 되다

neue/andere Leute kennenlernen

Wenn man allein ist, kann man neue Leute kennenlernen.
혼자 있을 때 새로운 사람들을 알게 될 수 있다.

13 떨어져 지내다
getrennt sein

Das Schwierige an einem Studium im Ausland ist, dass man lange Zeit von seinen Freunden und seiner Familie getrennt ist.
해외 유학의 어려움은 오랜 시간 동안 친구들 및 가족들과 떨어져 지내는 것입니다.

14 입학시험을 치다
eine Aufnahmeprüfung machen

Viele koreanische Studenten machen die Aufnahmeprüfung an einer Musikhochschule.
많은 한국 학생들은 음대에 시험을 친다.

15 벼락치기 공부하다
die Nacht durchlernen

Wenn Studierende die Nacht durchlernen, bekommen sie meistens keine guten Noten.
벼락치기로 공부하는 학생들은 대부분 좋은 점수를 받지 못한다.

16 지식을 얻다
sich Wissen aneignen

Sie hat sich mit Lesen viel Wissen angeeignet.
그녀는 독서로 많은 지식을 얻었다.

17 암기하다
auswendig lernen

Man sollte für eine Prüfung nicht alles auswendig lernen.
시험을 위해 모든 것을 다 암기하지는 않는 것이 좋다.

18 좋은 성적을 받다
gute Noten bekommen(ugs.)/erzielen

Studierende/Schüler mit guten Noten in Südkorea haben wenig Schwierigkeiten, in Deutschland gute Noten zu bekommen.
한국에서 공부를 잘했던 학생들은 독일에서도 좋은 성적을 받는 데 어려움이 없다.

19 창의력을 증진하다

seine Kreativität fördern

Wenn man in seiner Jugend viele Bücher liest, fördert man seine Kreativität.
어릴 때 독서를 꾸준히 하면 창의력을 증진하는 데 도움이 된다.

20 생각을 교환하다

seine Gedanken austauschen

Ein guter Professor hilft den Studenten, ihre Gedanken auszutauschen.
좋은 교수는 학생들이 손쉽게 생각을 교환할 수 있게 해 준다.

21 졸업 직후

nach dem Universitätsabschluss

Nach dem Universitätsabschluss haben viele Studenten Schwierigkeiten einen Job zu finden.
졸업 직후 많은 학생들은 바로 취직을 하는 데 어려움이 있다.

22 목표에 도달하다

sein Ziel erreichen

Um sein Ziel zu erreichen, opfern sich viele koreanische Eltern für ihre Kinder auf.
목표에 도달하기 위해 많은 한국 부모들은 자식들 위해서 자기 자신을 희생한다.

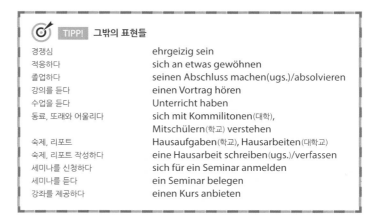

🎯 TIPP! 그밖의 표현들

경쟁심	ehrgeizig sein
적응하다	sich an etwas gewöhnen
졸업하다	seinen Abschluss machen(ugs.)/absolvieren
강의를 듣다	einen Vortrag hören
수업을 듣다	Unterricht haben
동료, 또래와 어울리다	sich mit Kommilitonen(대학), Mitschülern(학교) verstehen
숙제, 리포트	Hausaufgaben(학교), Hausarbeiten(대학교)
숙제, 리포트 작성하다	eine Hausarbeit schreiben(ugs.)/verfassen
세미나를 신청하다	sich für ein Seminar anmelden
세미나를 듣다	ein Seminar belegen
강좌를 제공하다	einen Kurs anbieten

다음 문장을 독일어로 바꾸어 쓰세요.

1 모든 음대 학생들은 대학 입학을 하기 위해 입시 시험을 통과해야 한다.

   (입시 시험을 통과하다 die Aufnahmeprüfung bestehen)

   _____

2 대학에서는 리포트를 작성해야 한다.

   (리포트를 작성하다 eine Hausarbeit schreiben/verfassen)

   _____

3 좋은 성적을 받기 위해서 노력을 해야 한다.

   (노력하다 sich bemühen/sich anstrengen)

   _____

4 많은 학생들은 대학 졸업 직후 일자리를 찾지 못한다.

   (일자리를 구하다 einen Job(ugs.)/eine Arbeitsstelle finden)

   _____

5 많은 학생들은 새로운 경험을 하기 위해서 유학을 간다.

   (유학을 가다 ein Auslandsstudium machen)

   _____

6 학생들에게 벼락치기로 공부하는 것이 도움이 되지 않는다.

   (도움이 되지 않다 nicht hilfreich sein)

   _____

7 학생들이 언어강좌를 꾸준히 듣는 것이 중요하다.

   (꾸준히 듣다 regelmäßig besuchen)

   _____

8 해외 유학은 어려움을 수반한다.

(수반하다/필연적으로 따르다 mit sich bringen)

_____

9 평생교육은 두 가지 이유에서 중요하다.

(두 가지 이유로 중요하다 aus zwei Gründen wichtig sein)

_____

Übung 02 알맞은 동사를 연결하세요.

> besuchen- abschließen- bekommen- bestehen- mitmachen(ugs.)- machen-
> teilnehmen(an + Akk.)- vorbereiten- schreiben- fördern- geben- belegen-
> anmelden-

1 die Universität _____

2 einen Kurs _____

3 einen Abschluss _____

4 eine Prüfung _____

5 eine Note _____

6 einen Sprachkurs _____

7 die Aufnahmeprüfung _____

과거시제 die Vergangenheitsform

1 독일어의 과거시제

독일어 과거형	Vergangenheitsformen im Deutschen
과거 **Präteritum**	용법: 신문기사, 뉴스 형태: 과거동사 sich ereignen – ereignete sich- ereignet 예시: Am Montagmorgen ereignete sich ein Verkehrsunfall.
현재완료 **Perfekt**	용법: 편지, 노트 형태: 시제 조동사 haben 혹은 sein + 과거분사 schreiben – schrieb – hat geschrieben 예시: Ich habe dir lange nicht mehr geschrieben.
대과거 **Plusquamperfekt**	용법: 과거 전에 일어나는 사건 형태: 시제 조동사 haben/sein의 과거형 + 과거분사 öffnen-öffnete – geöffnet 예시: Als ich nach Hause kam, war das Fenster geöffnet.

 TIPP!

B1 시험에서는 과거시제로 상황을 표현하는 일이 아주 많습니다. 작문 영역에서 제시된 편지나 노트를 쓰게 되면 현재진행시제로 표현해야 하는데, 독해 영역에서 제시된 뉴스기사나 신문기사에서는 과거 사건을 나타내기 위해 과거시제가 사용됩니다. 대과거/과거분사형은 과거형으로 된 사건 중에서 그 서술 내용보다 더 과거 사건까지 표현하고자 할 때 사용됩니다.

2 Tabelle der unregelmäßigen Verben[1]

동사원형	과거동사	과거분사	의미
anziehen	zog...an	angezogen	입다
aufstehen	stand...auf	aufgestanden	일어나다
ausgeben	gab..aus	ausgegeben	쓰다, 소비하다
beginnen	begann	begonnen	시작하다
beißen	biss	gebissen	물다
behalten	behielt	behalten	간직하다
binden	band	gebunden	묶다
brechen	brach	gebrochen	부수다
blasen	blies	geblasen	불다
denken	dachte	gedacht	생각하다
essen	aß	gegessen	먹다
entscheiden	entschied	entschieden	선택하다
fallen	fiel	gefallen	떨어지다
fahren	fuhr	gefahren	운전하다
fliegen	flog	geflogen	날다
frieren	fror	ist gefroren	얼다
geboren	gebar	geboren	낳다
gehen	ging	gegangen	가다
graben	grub	gegraben	파다
gewinnen	gewann	gewonnen	이기다
halten	hielt	gehalten	잡다
hängen	hing	gehangen	매달다
lassen	ließ	gelassen	시키다
legen	lag	gelegen	눕다
leihen	lieh	geliehen	빌리다
nehmen	nahm	genommen	가지다

riechen	roch	gerochen	냄새 나다
reiten	ritt	geritten	(말을) 타다
sehen	sah	gesehen	보다
sein	war	gewesen	sein-동사
schreiben	schrieb	geschrieben	쓰다
singen	sang	gesungen	노래하다
sitzen	saß	gesessen	앉다
stehen	stand	gestanden	서다
scheinen	schien	geschienen	빛나다
schlagen	schlug	geschlagen	치다
schlafen	schlief	geschlafen	자다
sprechen	sprach	gesprochen	말하다
steigen	stieg	gestiegen	오르다
schwimmen	schwamm	geschwommen	헤엄치다
tun	tat	getan	하다
treffen	traf	getroffen	만나다
trinken	trank	getrunken	마시다
vergessen	vergaß	vergessen	잊다
verlassen	verließ	verlassen	떠나다
verlieren	verloren	verloren	잃다
verzeihen	verzieh	verziehen	용서하다
wachsen	wuchs	gewachsen	자라다
werfen	warf	geworfen	던지다
wissen	wusste	gewusst	알다
verstehen	verstand	verstanden	이해하다

---

1   Die Liste der Verben beinhaltet nur die wichtigsten Verben. Eine vollständige Liste gibt es unter
https://www.klett-sprachen.de/download/4729/netzwerk_a1-b1_unregelmaessigeverben.pdf

Hilfsverben

haben	hatte	gehabt	가지고 있다
sein	war	gewesen	∼이다
werden	wurde	geworden	되다

Modalverben

können	konnte	gekonnt	할 수 있다
mögen	mochte	gemocht	좋아하다
dürfen	durfte	gedurft	허락하다
müssen	musste	gemusst	해야 한다
sollen	sollte	gesollt	해야 한다
wollen	wollte	gewollt	하지 않으면 안 된다 / 원하다

 **TIPP!** **sein Perfekt 정리!**

장소를 이동을 나타내는 동사
fahren, kommen, gehen, fliegen, rennen, laufen, steigen, fallen, reisen 등

상태 변화를 나타내는 동사
blühen, verwelken, sterben, aufwachen, aufstehen, einschlafen 등

주의
A ──▶ B 상황, 장소 변화/변경

Ich bin nach Hamburg **gefahren**.

여기 ──▶ 함부르크

Ich bin um 10 cm **gewachsen**.

예전 ──▶ 10cm 이후

A

Er **hat** das Auto in Berlin **gefahren**.

베를린에서만 운전했다!

보기처럼 주어진 문장을 현재완료(Perfekt: haben/sein+ PP)로 만드세요.

> schreiben-schrieb-(haben) geschrieben.
> Ich **habe** dir lange nicht mehr **geschrieben.**

1 sich verlieben-verliebt-(haben) verliebt

   Ich glaube, ich _____ mich _____.

2 schlafen-schlief-geschlafen

   Ich _____ lange _____.

3 aufstehen-stand...auf-(sein) aufgestanden

   Ich _____ am Montag spät _____.

4 fahren-fuhr-(sein) gefahren

   Dann _____ ich zum Einkaufsmarkt _____.

5 kauften-kaufte-(haben) gekauft

   Ich _____ dort 1 Kilo Äpfel _____.

6 vergessen-vergaß-vergessen

   Ich _____ Zucker und Milch _____.

7 treffen-traf-(haben) getroffen

   Ich _____ mich mit meiner Freundin vor dem Einkaufsmarkt

   _____.

주어진 단어를 과거형으로(Präteritum) 사용하여 문장을 만드세요.

Zeitungsmeldung(1)

1   Am Montagmorgen _____ (sich ereignen) am Zoologischen Garten ein Verkehrsunfall.

2   Ein PKW _____ (fahren) in die Osnabrückerstraße. und _____ (sehen) einen Fahrradfahrer nicht.

3   Es _____ (kommen) zu einem Zusammenstoß.

4   Der PKW-Fahrer _____ (haben) einen Schock.

5   Er _____ (wissen) nach dem Unfall nicht mehr, was passiert war.

Zeitungsmeldung(2)

1   Am Mittwoch gegen 13 Uhr _____ (klingeln) es an der Wohnungstür von Frau Ried.

2   Ein unbekannter Mann _____ (sagen), dass er die Wasserleitung reparieren soll.

3   Er _____ (bitten) die Frau, ihm 80 Euro bar zu geben.

4   Der Mann _____ (verlassen) die Wohnung und _____ nicht _____ . (zurückkommen)

5   Die Polizei sagt, dass es solche Betrugsfälle sehr häufig _____ (geben).

가정과 사회 Familie und Gesellschaft

1 사회적 관계 soziale Beziehungen

친한			친하지 않음
mein Freund	ein guter Freund	ein Bekannter	ein Kollege
meine Freundin	eine gute Freundin	eine Bekannte	eine Kollegin
여자친구/남자친구	친구	아는 분/지인	동료

Arbeit:	der Kollege, die Kollegin	직장동료
	der Mitarbeiter, die Mitarbeiterin	함께 일하는 사람
Universität:	der Kommilitone, die Kommilitonin	(대학에서) 학우
Schule:	der Mitschüler, die Mitschülerin	학우, 동창

1 아이를 키우다

Kinder aufziehen/großziehen

Großeltern helfen der Familie, die Kinder großzuziehen.
조부모들은 아이를 키우는 것을 거들어 가족들을 돕는다.

2 상호 간의 의사 소통

zwischenmenschliche Kommunikation

Durch Handys kann die zwischenmenschliche Kommunikation ermöglicht werden.
휴대 전화로 상호 간의 의사 소통이 될 수 있다.

3 집안일

die Hausarbeit

Hausarbeit muss gerecht unter allen Familienmitgliedern aufgeteilt werden.
집안일은 가족 구성원 간에 동등하게 분배되어야 한다.

4 가정 환경
Familienhintergrund

Der Familienhintergrund hat einen Einfluss auf die Wahl des Studienfachs.
학생의 가정 환경은 어떤 종류의 전공을 선택하게 되는지에 영향을 미친다.
*~에 영향을 미치다 einen Einfluss haben auf

5 세대 차이
Generationskonflikt

Zwischen Professoren und Studenten kommt es durch den Generationskonflikt zu Kommunikationsproblemen.
교수와 제자 사이의 의사 소통에는 세대 차이로 인해 문제가 생긴다.

6 ~의 기준을 세우다
Maßstäbe setzen

Musikstudenten setzen höhere Maßstäbe an andere Musiker, als bei sich selbst.
음악을 전공하는 사람들은 다른 음악가에 자기 자신보다 더 높은 기준을 세운다.

7 형제자매
die Geschwister

Familien mit Geschwistern sorgen füreinander.
형제자매가 있는 가족들은 어린이들이 서로 돌보기도 한다.

8 복지 국가
der Wohlfahrtsstaat

Der deutsche Wohlfahrtsstaat übernimmt die Kosten für die medizinische Versorgung der Flüchtlinge.
독일 복지 국가로서 난민들의 의료 비용을 감당한다.

9 법을 어기다
das Gesetz brechen

Politiker sollten hart bestraft werden, wenn sie das Gesetz brechen.
정치가들은 법을 어길 경우 엄격하게 처벌되어야 한다.

10 교통 혼잡
der Verkehrsstau

Verkehrsstaus beeinträchtigen die Lebensqualität der Bewohner.
교통 혼잡은 지역 주민들의 삶의 질을 떨어뜨린다.

11 자립하다

auf eigenen Füßen stehen

Nach dem Abschluss haben viele Studenten nicht das Geld, um auf eigenen Füßen zu stehen.
졸업 직후에 대학생들이 자립하기 위한 돈은 없다.

12 여론

die öffentliche Meinung

Politiker sollten die öffentliche Meinung berücksichtigen, wenn sie Gesetze entwerfen.
정치인들은 법을 제정할 때 여론을 고려해야 한다.
＊고려하다 berücksichtigen

13 강한 유대감

enge Beziehungen

Eine gute Kommunikation ist der Schlüssel zu einer engen Beziehung zwischen Lehrern und Schülern.
의사소통을 잘 하는 것은 선생님과 제자 사이에 강한 유대감을 발달시키는 데 매우 중요하다.

14 오붓한 시간을 보내다

sich Zeit nehmen für etwas

Es ist wichtig, sich nach der Arbeit Zeit für sich zu nehmen.
/ Es ist wichtig, sich nach der Arbeit eine Auszeit zu nehmen.
퇴근하고 자신을 위한 오붓한 시간을 보내는 것은 중요하다.

15 본보기

ein gutes Vorbild haben/sein

Es ist wichtig, in jungen Jahren ein gutes Vorbild zu haben.
어렸을 때 좋은 본보기를 삼는 것이 중요하다.
＊본보기가 되다 ein gutes Vorbild sein

Übung 빈 칸에 알맞은 단어를 넣으세요.

1 오늘날에는 아이들 키우는 것이 훨씬 쉽다.

Heutzutage _____ es einfacher, _____ _____ zu
_____.

2 오늘날에는 자립하기가 어렵다.

_____ ist es schwieriger, _____ _____
_____ zu _____.

3 독일은 복지 국가로서 많은 사람들 돕고 있다.

_____ unterstützt viele Menschen.

4 부모들은 자녀의 행동에 대해 기준을 세워 둘 필요가 있다.

_____ müssen für ihre Kinder _____
_____.

5 불우한 가정 환경을 가진 학생들은 더 열심히 공부한다.

Studierende aus ärmeren _____ lernen sehr fleißig.

6 오늘날 여론은 중요한 역할을 한다.

Die _____ spielt eine wichtige Rolle.

7 모든 부모들은 아이들의 본보기가 되어야 한다.

Alle Eltern sollten _____ _____ _____ sein.

8 가족의 여가활동은 강한 유대감을 세워 준다.

Gemeinsame Freizeitaktivitäten mit der Familie helfen, _____
_____ _____ aufzubauen.

관계절 Relativsatz

관계대명사

	남성	여성	중성	복수
1격	der	die	das	die
2격	dessen	deren	dessen	deren
3격	dem	der	dem	denen
4격	den	die	das	die

Übung 01 관계절을 만드세요.

예시:

Der Lehrer ist krank. **Er** wohnt in meiner Straße. **Mein Laptop** ist kaputt. Ich habe **ihn** gestern gekauft.
수/성　　　　　　　　1격　　　　　　　　　　　수/성　　　　　　　　　　　　4격

Der Lehrer, der krank ist, wohnt in meiner Straße. **Mein Laptop**, den ich gestern gekauft habe, ist kaputt.

1격

1　Ich habe **die Aufnahmeprüfung** bestanden. **Sie** war schwer.

_____

2　**Das Fahrrad** habe ich gestern gekauft. **Es** ist kaputt.

_____

3　**Die Geburtstagsfeier** war schön. **Sie** hat gestern stattgefunden.

_____

4　**Die Studentin** ist schon wieder krank. **Sie** ist eine studentische Hilfskraft.

_____

5　**Herr Niemand** ist unser neuer Chef. Ich kenne **ihn** kaum.

_____

6　**Das Buch** war sehr interessant. Ich habe **es** gestern gelesen.

_____

3격

7　**Mein Freund** hat mir noch nicht geantwortet. Ich habe **ihm** vor einer Woche geschrieben.

_____

8　**Eine gute Freundin (von mir)** sucht eine neue Stelle. **Ihr** gefällt die Arbeit nicht mehr.

_____

9　**Meine Nachbarin** ist nett. **Ihr** gehört das Haus gegenüber.

_____

2격

10　**Meine Cousine** will wieder nach Korea zurück. **Ihre** Familie wohnt in Seoul.

_____

11 **Mein Kommilitone** fühlt sich einsam. **Seine** Freundin lebt in Korea.

_____

12 **Die Wohnung** ist noch frei. Ich kenne **den Vermieter der Wohnung**.

_____

Übung 02   알맞은 관계대명사를 고르세요.

1   나는 네가 추천한 영화를 보았다.
Ich habe den Film, **(der / den)** du mir empfohlen hast, gesehen.
ChecK: Ich habe den Film gesehen. Du hast mir den Film empfohlen.

2   나는 차가 고장난 친구를 도와주었다.
Ich habe einem Freund, **(dessen / deren)** Auto kaputt gegangen ist,
geholfen.
Check: Ich habe einem Freund geholfen. Das Auto des Freundes ist kaputt
gegangen.

3   그는 결정을 내리는 사람이 아니다.
Er ist kein Mensch, **(das / der)** Entscheidungen trifft.
Check: Er ist kein Mensch. Er trifft Entscheidungen.

4   옆집에 사는 여자는 선생님이다.
Die Frau, **(die / dem)** nebenan wohnt, ist Lehrerin.
Check: Die Frau ist Lehrerin. Sie wohnt nebenan.

5   너는 내가 의지할 수 있는 유일한 친구야.
Du bist der einzige Freund, auf **(die / den)** ich mich verlassen kann.
Check: Du bist der einzige Freund. Ich kann mich auf dich verlassen.

6   네가 관람한 영화는 정말 재미있다.

Der Film, **(den / dem)** du gesehen hast, ist wirklich gut.

Check: Der Film ist wirklich gut. Du hast den Film gesehen.

7   나는 내가 이야기를 할 수 있는 친구를 찾았다.

Ich habe jemanden getroffen, mit **(dem / deren)** ich gut sprechen kann.

Check: Ich habe jemanden getroffen. Ich kann mit der Person gut sprechen.

8   내가 지난 주 만났던 친구는 나의 고등학교 친구이다.

Der Freund, **(den / denen)** ich letzte Woche getroffen habe, ist ein alter Schulfreund.

Check: Der Freund ist ein alter Schulfreund. Ich habe ihn letzte Woche getroffen.

9   나는 아버지 이 병원 의사인 소녀를 알고 있다.

Ich kenne ein Mädchen, **(dessen / deren)** Vater in diesem Krankenhaus ist.

Check: Ich kenne ein Mädchen. Der Vater des Mädchen ist Arzt in diesem Krankenhaus.

운동과 건강 Sport und Gesundheit

1 규칙적인 운동

regelmäßig Sport treiben/sich regelmäßig bewegen

Kinder müssen lernen, sich regelmäßig zu bewegen.
어린아이들은 규칙적인 운동을 배울 필요가 있다.

2 건강상의 문제

(zu viel) Stress ausgesetzt sein

Menschen, die zu viel Stress ausgesetzt sind, haben gesundheitliche Probleme.
스트레스 많이 받은 사람들은 건강상의 문제를 갖고 있다.

3 사소한 질병

leichte Beschwerden/leichte Beschwerden haben

Wegen leichter Beschwerden muss man nicht ins Krankenhaus fahren.
사소한 질병 때문에 병원 갈 필요가 없다.

4 몸매를 유지하다

in Form bleiben

Es ist schwer, nach der Geburt in Form zu bleiben.
아이를 낳고 나면 몸매를 유지하기가 어렵다.
＊어렵다 Es ist schwer, 목 + 동

5 비만이 되다

übergewichtig werden/adipös sein/fettleibig werden

Wenn Jugendliche sich viel mit dem Handy beschäftigen, kann es zu gesundheitlichen Problemen kommen.
휴대폰을 많이 하면 청소년들이 비만이 됨에 따라 건강상의 문제가 올 수 있다.
＊휴대폰을 많이 하다 sich viel mit dem Handy beschäftigen
＊건강상의 문제가 올 수 있다 zu gesundheitlichen Problemen kommen können

6 식사를 거르다

Mahlzeiten ausfallen lassen

Personen, die Mahlzeiten ausfallen lassen, naschen den ganzen Tag.
식사를 거르는 사람들은 하루 종일 간식을 먹게 된다.

＊간식을 먹다 naschen, Zwischenmahlzeiten zu sich nehmen/einnehmen

7 다이어트를 하다

eine Diät machen

Mein Mann hat drei Monate lang eine Diät gemacht und abgenommen.
남편은 3개월 동안 다이어트를 해서 체중을 뺐다.

＊체중을 빼다 abnehmen (현재완료 Ich habe abgenommen)
＊체중이 늘다 zunehmen (현재완료 Ich habe zugenommen)

8 (병에) 걸리다 / 감기에 걸리다

erkranken/ eine Erkältung haben

a) Wenn die Nase läuft, hat man eine Erkältung.
   콧물이 나오면 감기에 걸린 것이다.
b) Wenn man Fieber hat, sind das erste Anzeichen dafür, dass man erkrankt ist.
   열이 나는 것은 몸이 아프다는 초기 신호이다.

9 공기오염 / 대기오염

Luftverschmutzung

Wegen der Luftverschmutzung leben viele Koreaner nicht gerne in Seoul.
대기오염 때문에 많은 한국 사람들은 서울에서 사는 것을 선호하지 않는다.

10 환경 친화적인

umweltfreundlich

Viele Leute sind gewillt, mehr Geld für umweltfreundlich hergestellte Produkte auszugeben.
사람들은 환경 친화적인 방식으로 만들어진 식품에 돈을 더 지불할 용의가 있다.

＊～할 용의가 있다 gewillt sein

11 기대 수명

Lebenserwartung

Die Lebenserwartung von Koreanern und Koreanerinnen ist/liegt weltweit auf Platz eins.
한국인 기대수명은 남녀 모두 세계 1위다.

12 담배를 많이 피우는 사람 / 줄담배를 피우는 사람

Starke Raucher

In Deutschland gibt es viele starke Raucher.
독일에는 담배를 많이 피우는 사람들이 많다.

Übung   우리말 표현을 독일어로 바꾸어 문장을 완성하세요.

1   대부분의 사소한 질병들은 약 없이 치료될 수 있다.

Die meisten _____ _____ heilen sich ohne

Medikamente aus.

＊치료되다 sich ausheilen

2   한국에서는 몸매를 유지해야 한다는 압력이 크다.

In Korea ist der Druck groß, _____ _____ zu

_____.

＊압력이 크다 der Druck groß sein

3   규칙적인 운동은 체중을 줄이는 가장 좋은 방법이다.

_____ _____ _____ ist beste Mittel, um

abzunehmen.

＊~하는 가장 좋은 방법이다 das Beste Mittel, um... zu....

수동태 Passiv

1 수동태 만드는 방법

Aktiv	Der Handwerker repariert das Auto.
Passiv	Das Auto wird von dem Handwerker repariert. durch den Handwerker

Passiv : werden + Partizip II
　　　　　　 조동사　　　 과거분사

2 수동태의 형태

	현재 Präsens	과거 Präteritum	현재완료 Perfekt
ich	werde gefragt	wurde gefragt	bin gefragt worden
du	wirst gefragt	wurdest gefragt	bist gefragt worden
er/sie/es	wird gefragt	wurde gefragt	ist gefragt worden
wir	werden gefragt	wurden gefragt	sind gefragt worden
ihr	werdet gefragt	wurdet gefragt	seid gefragt worden
sie	werden gefragt	wurden gefragt	sind gefragt worden

3 von과 durch의 구분

von: Urheber einer Aktion (원인)	**durch:** Aktion ist Urheber (수단)
Aktiv: Sein Chef entließ ihn. **Passiv:** Er wurde von seinem Chef entlassen. [von seinem Chef = 원인]	**Aktiv:** Eine Operation rettete den Patienten. **Passiv:** Der Patient wurde durch eine Operation gerettet. [durch eine Operation = 수단]

다음 문장을 수동태로 바꾸세요.

Ich informiere den Chef. 나는 상사에게 알린다.
→ *Der Chef wird informiert.*

1 Er bezahlt die Rechnung. 그는 계산서를 지불해.

→ _____

2 Ihr wiederholt die Wörter! 너희들 단어를 복습해!

→ _____

3 Die Maschine druckt die Bücher schnell und günstig.

기계가 책을 빠르고 저렴하게 인쇄합니다.

→ _____

4 Das Theater für Schauspiel und Musik führt ein neues Theaterstück auf.

연극과 음악 극장에서 새로운 연극을 공연 중입니다.

→ _____

5 Die Bundeskanzlerin empfängt den Präsidenten. 총장은 대통령을 환영합니다.

→ _____

6 Freiwillige Helfer beseitigen die Schäden nach dem Sturm.

자원 봉사자는 폭풍우 이후의 피해를 제거합니다.

→ _____

7 Die Polizei fängt die Einbrecher an der polnischen Grenze.

경찰은 폴란드 국경에서 강도를 붙잡는다.

→ _____

8 Die Polizei sperrte die Autobahn A10 für 8 Stunden.

경찰은 A10번 고속도로를 8시간 동안 닫았습니다.

→ _____

9 Autoabgase verursachen die Luftverschmutzung(원인)

배기가스는 공기오염의 원인이다.

→ _____

　우리말을 독일어로 바꾸세요. ＊시제에 주의하세요!

저녁이 준비되고 있어. (das Abendbrot, vorbereiten)
→ *Das Abendbrot wird vorbereitet.*

1　이 차는 지금 수리 중이야. (das Auto, reparieren)

　→ _____

2　그녀는 그에게로부터 사랑 받고 있어. (lieben)

　→ _____

3　암 치료제가 한 과학자에 의해서 발견되었다. (ein Heilmittel gegen Krebs, finden)

　→ _____

4　한 남자가 거리에서 한 남자에 의해 공격 당했다. (ein Mann, auf offener Straße, schlagen)

　→ _____

5　그 편지는 그녀에 의해서 쓰여졌다. (der Brief, schreiben)

　→ _____

6　텔레비전은 1929년에 발명되었다. (der Fernseher, erfinden)

　→ _____

7　텔레비전에서는 드라마가 제일 많이 시청되고 있다. (Im koreanischen Fernsehen, Serien, sehen)

　→ _____

Übung 03   아래의 단어를 사용하여 문장을 완성하세요.

der Patient / operieren / der Arzt
→ *Der Patient wird vom(von + dem) Arzt operiert.*

1   der Handwerker / reparieren / die Waschmaschine

→ _____

2   die Reinigungsfirma / reinigen / der Fußboden

→ _____

3   die Lehrerin / korrigieren / die Hausaufgaben

→ _____

4   die Sekretärin / schreiben / die Rechnungen

→ _____

Lektion 21

여가 시간, 휴가, 서비스
Freizeit, Urlaub, Dienstleistungen

1 Wollen wir .... gehen?

콘서트	연극
das klassische Konzert ein Konzert geben das Orchester die Oper ins Orchester, in die Oper gehen das Popkonzert das Rockkonzert das Jazzkonzert auf ein Konzert gehen	das Theater das Theaterstück ins Theater gehen ein Theaterstück aufführen
	박물관
	die Ausstellung in eine Ausstellung gehen sich eine Ausstellung anschauen/ ansehen die Gallerie in die Gallerie gehen die Eröffnung auf eine Eröffnung gehen

2 Wie fandest du...?

Wie fandest du...? ...어땠어?	
herrlich 매우 멋진	**Das Hotel war einfach herrlich.** 그 호텔은 정말 멋졌다.
wunderbar 멋진	**Das klassische Konzert war wunderbar.** 클래식 콘서트가 멋진 경험이었어.
großartig 훌륭한, 대단한	**Der Pianist spielte großartig.** 피아니스트가 훌륭하게 연주했다.
perfekt 완벽한	**Sie spricht perfekt Deutsch.** 그녀는 독일어를 완벽하게 구사한다.
klasse sein 멋진, 끝내주는	**Die Aufführung war klasse.** 이 공연은 끝내주는 공연이었다.
super 최고다	**Die Geburtstagsfeier war super.** 생일파티는 최고였다.
toll 아주 좋은	**Die Geburtstagsfeier war toll.** 생일파티는 아주 좋았다(끝내줬다).

1 등산

Bergwandern

Bergwandern gehört in Korea zu den beliebtesten Sportarten.
등산은 한국에서 가장 인기있는 운동 중에 하나다.

2 연주회를 갖는다

ein Konzert geben

Der berühmte Pianist gibt heute Abend ein Konzert in der Philharmonie. .
그 유명한 피아니스트는 오늘 저녁에 음악당에서 연주회를 갖는다.

3 전시회가 열리다

es gibt eine Ausstellung

Im Museum gibt es zur Zeit eine Ausstellung zu Moderner Kunst.
박물관에 지금 현대미술 예술품 전시회가 열리고 있다.

4 관심이 있다

sich interessieren für

Ich interessiere mich besonders für die Literatur des 19. Jahrhunderts.
나는 19세기 독일 문학에 관심이 있다.

5 재능이 있다

begabt sein

Sie ist schriftstellerisch begabt.
그녀는 작가의 재능이 있다.

6 인기가 있다

beliebt sein

Das Radio ist trotz des Internets beliebt.
라디오는 인터넷에도 불구하고 여전히 인기가 있다.

7 방송 프로그램

Sendung, Programm

(Fernseh)programme/(Fernseh)sendungen sind sehr beliebt bei Koreanern.
방송 프로그램은 한국사람들에게 매우 인기가 있다.

8 기호, 취향이 같다

denselben Geschmack haben

Wir haben denselben/gleichen Geschmack, wir mögen gutes Essen und gute Musik.
우리는 기호가 같다, 우리는 좋은 음식과 좋은 음악을 선호한다.

9 외모

das Aussehen

In Korea ist das Aussehen sehr wichtig.
한국에서는 외모에 신경을 많이 쓴다. (외모가 매우 중요하다)

Übung 01 다음 문장을 수동태로 바꾸세요. 내용은 자유롭게 적어 보세요.

Wie hat es dir gefallen?			어땠어? 마음에 들었니?

hervorragend - gut - nicht so gut - schlecht

1 Wie hat dir das Konzert gefallen? 콘서트 마음에 들었니?

2 Wie hat dir die Abschiedsparty gefallen? 작별파티가 마음에 들었어?

3 Wie hat dir deine Geburtstagsparty gefallen? 생일파티가 마음에 들었어?

4 Wie hat dir der Ausflug gefallen? 소풍이 마음에 들었어?

5 Wie hat dir der Urlaub gefallen? 여행이 마음에 들었어?

6 Wie hat dir das Ballett gefallen? 발레가 마음에 들었어?

Übung 02 다음 문장을 완성하세요.

1 wir / wollen / eine Bergwanderung / machen / am Freitag / ?

→ ____________________

2 sie / mit ihren jungen Jahren / ist / sehr / begabt

→ ____________________

3 mein Mann und ich / denselben Geschmack / haben / beim Essen

→ ____________________

4 viele Leute in Korea / sich / schauen / an / diese Fernsehsendung

→ ____________________

5 interessieren mich / ich / für Mode

→ ____________________

6 in Deutschland / vielen Leuten / ist / das Aussehen / so wichtig / nicht

→ ____________________

7 das koreanische Essen / sehr / beliebt / ist / weltweit

→ ____________________

8 Ihre Tochter / ist / begabt / sprachlich / sehr

→ ____________________

9 am Potsdamer Platz / eine Ausstellung zur Antiken Kunst / gibt / es

→ ____________________

접속법 II Konjunktiv II

	Gegenwart *würde + Infinitiv*		Vergangenheit *hätte/wäre + Partizip II*	
	조동사	동사원형		
ich	**würde** in die Oper	**gehen**	**wäre**	**gegangen**
du	**würdest**	**gehen**	**wärst**	**gegangen**
er/sie/es	**würde**	**gehen**	**wäre**	**gegangen**
wir	**würden**	**gehen**	**wären**	**gegangen**
ihr	**würdet**	**gehen**	**wäret**	**gegangen**
sie	**würden**	**gehen**	**wären**	**gegangen**

Einfache Form	동사원형	과거형	접속법 II
다음 동사들은 würde 사용하지 않고 과거형 + 변모음	brauchen	ich brauchte	ich bräuchte
	dürfen	ich durfte	ich dürfte
	gehen	ich ging	ich ging
	geben	ich gab	ich gäbe
	haben	ich hatte	ich hätte
	können	ich konnte	ich könnte
	kommen	ich kam	ich käme
	lassen	ich las	ich läse
	müssen	ich musste	ich müsste
	werden	ich wurde	ich würde
	wollen	ich wollte	ich wollte
	sollen	ich sollte	ich sollte

과거형 + 변모음

Ich würde mich freuen, wenn du.... ~했으면 좋겠다

1   우리 집에 왔었으면 좋겠다.   - kommen (du)

Ich würde mich freuen, wenn _____.

2   시간을 가지다   - sich Zeit nehmen (Sie)

Ich würde mich freuen, wenn _____.

3   참다   - mehr Geduld haben (ich)

Ich würde mich freuen, wenn _____.

4   혼자 있고 싶다   - seine Ruhe haben (ich)

Ich würde mich freuen, wenn _____.

5   누구를 괴롭히지 않다   - jemanden in Ruhe lassen (er)

Ich würde mich freuen, wenn _____.

6   저녁을 함께 보내다   - den Abend gemeinsam/zusammen verbringen (wir)

Ich würde mich freuen, wenn _____.

7   일찍 집에 들어오다   - früher nach Hause kommen (du)

Ich würde mich freuen, wenn _____.

8   그렇게 많이 일할 필요가 없다 - nicht so viel arbeiten müssen (ich)

Ich würde mich freuen, wenn _____.

9   자주 연극 보러 가다   - öfter ins Theater gehen (wir)

Ich würde mich freuen, wenn _____.

주거, 식생활, 쇼핑
Wohnen, Verpflegung, Einkaufen

Höflichkeitsformen

1. Ich würde gern einen Tisch	für heute Abend für morgen Abend für Freitagabend für den 20.07	reservieren.
2. Ich hätte gern	ein Glas Rotwein. die Kartoffelsuppe mit Speck. das Steak mit Pommes.	
3. Könnte ich ... probieren?		
4. Kann ich Ihnen helfen?		

1 ～에 대해서 이다

es sich handeln um

Es sich handelt sich um eine Zweizimmerwohnung in der Nähe der Innenstadt.
시내 근처에 있는 방 두 개입니다.

*in der Nähe der (Innen)stadt- 시내근처

2 방을 보러 오다

eine Wohnung besichtigen

Wann kann ich die Wohnung besichtigen?
방을 언제 볼 수 있어요?

*die Wohungsbesichtigung 방을 구경 하기 위해 부동산과 약속

3 함께 요리하다

zusammen kochen

Wollen wir heute zusammen kochen?
우리 같이 요리할래?

*Wollen wir heute + 동 ～할까?

4 사다, 사오다

besorgen (ein paar Dinge)= kaufen

Könntest du ein paar Dinge aus dem Supermarkt besorgen?
슈퍼에서 물건들 좀 사다 줄래?

＊Könntest du 목 + 동 친절하게 부탁하기

5 필요하다

brauchen

Ich brauche Milch, Käse und Tomaten.
나는 우유, 치즈, 토마토가 필요해.

＊Ich brauche/wir brauchen ...vom Markt, Supermarkt, Bäcker, Getränkemarkt

6 가져다 주다

mitbringen

Kannst du mir Tomaten, Salat, Erdbeeren mitbringen
토마토, 샐러드, 딸기를 가져다 줄 수 있니?

＊Kannst du ... 부탁하기

7 관심이 있다

Interesse haben an (+ Dat.)

Ich habe Ihre Anzeige im Internet gelesen und habe Interesse an Ihrem Esstisch.
귀하의 광고를 인터넷에서 읽어 보았고, 당신의 식탁에 관심이 있다.

＊eine Anzeige bei ebay/im Internet lesen 광고를 이베이, 인터넷에서 보다

8 부대 비용(집세 이외에 내는 관리비, 수도세 등)

die Nebenkosten

Die Kaltmiete ist die Miete ohne Nebenkosten.
Kaltmiete는 부대 비용 이외에 내는 월세다.

＊Nebenkosten (Wasser, Heizung, Müll)

9 환전하다/잔돈으로 바꾸다

Geld umtauschen oder Geld wechseln

Ich muss in der nächsten Bank Geld wechseln.
나는 다음 은행에서 돈을 환전해야만 한다.

10 (계약을) 체결하다/(보험을) 들다

abschließen

Ich würde gerne eine Versicherung abschließen.
보험을 들고 싶습니다.

1 Ich muss 100 Dollar in koreanische Won _____.
나는 100달러를 원화로 환전해야 한다.

2 Ich muss meinen Reisecheck in Dollar _____.
나는 여행자 수표를 달러로 환전해야 한다.

3 Sie können die Wohnung morgen gegen 10-12 Uhr
_____.
당신은 내일 10시부터 11시까지 아파트를 방문할 수 있습니다.

4 Wie wäre es, wenn wir am Wochenende zusammen etwas Leckeres
_____.
주말에 맛있는 거 함께 요리하면 어떨까요?

5 Bevor man in eine Wohnung zieht, muss man vorher einen Vertrag
_____.
집으로 이사하기 전에 먼저 계약서에 체결해야만 한다.

6 Es _____ _____ das Auto aus der
Zeitungsannonce.
신문 광고의 차에 관하여 (연락 드립니다).

7 Ich _____ _____ an dem Angebot aus der
Werbung.
나는 광고에 있는 제안에 관심이 있다.

8 Kannst du Wasser für die Geburtstagsfeier
_____?
생일 파티에 물을 가져올 수 있어?

Ich würde gerne + 목 + 동
→ *Ich würde gerne südkroeanische Won in Euro wechseln.*

1 (200 Euro / das Geld abheben) 은행에서 200유로를 찾다

   Ich würde gerne... _____.

2 (Geld auf mein Konto einzahlen) 예금하다

   Ich würde gerne... _____.

3 (das Konto eröffnen) 은행에 계좌를 개설하다

   Ich würde gerne... _____.

4 (eine Überweisung tätigen) 계좌로 돈을 이체하다

   Ich würde gerne... _____.

5 (sich polizeilich anmelden) 전입 신고를 하다

   Ich würde mich gerne... _____.

6 (die Wohnung ummelden) 전출입 신고를 하다

   Ich würde gerne... _____.

7 (mit Frau/Herrn... sprechen) 누구와 이야기하다

   Ich würde gerne... _____.

부가어 Attribut

부가어 Attribut

일반명사 명사 + 2격	**Der Besitzer** des Handys **wurde gefunden**.
	휴대폰의 주인이 발견됐습니다.
고유명사 명사 + von + 3격	Die Hauptstadt **von Deutschland** ist Berlin
	독일의 수도는 베를린이다.
고유명사 명사 + s	Das ist **Peter**s Tasche. / Das ist die Tasche **Peter**s.
	이 가방은 페터 씨의 것이다.
부사 명사 + 부사	Ich meine die Wohnung **oben**.
	위에 있는 방입니다.
전치사 목적어 명사 + 전치사 목적어	Mein Freund **aus der Universität** ist Koreaner.
	내 대학교 친구는 한국 사람이다.
동격 명사 + 동격	Napoleon, der Große, war nur 1.54 Meter groß.
	위대한 나폴레옹은 고작 (키가) 1미터 54센티미터였다.

Übung 01 알맞은 부가어를 사용해서 문장을 완성하세요.

1 Das ist die Freundin _____ (meine Mutter).

2 Die Reifen _____ (das Auto) sind kaputt.

3 Das Referat _____ (der Kommilitone) war sehr aufschlußreich.

4 Die Wohnung _____ (der Nachbar) hatte einen Stromausfall.

5 Im Fotoalbum _____ (meiner Großeltern) entdeckte ich interessante Aufnahmen.

6 Ich trage gerne Schmuck _____ (das Gold)

7 Die Besucher _____ (die Schweiz) wollen ein neues Zimmer.

8 Herr Müller, _____ (der CEO des Unternehmens), will Arbeitsplätze schaffen.

9 Ich würde gerne das Auto _____ (der Parkplatz) kaufen.

Übung 02 알맞은 부가어를 골라 문장을 완성하세요.

1 das Hotel / in Berlin / buchen / wollen / wir
베를린에 있는 호텔을 예약할까요?

_____?

2 können / besichtigen / die Wohnung / im Erdgeschoss
1층에 있는 아파트를 볼 수 있을까요?

_____?

3 können / benutzen / das Auto / die Eltern-morgen
너희 부모님의 차를 사용할 수 있어?

_____?

4 der berühmte Zauberschüler / Harry Potter / begeistern / viele Leserinnen und Leser
해리 포터, 그 유명한 마법사는 많은 독자들에게 영감을 불어넣었다.

_____.

5 können / mitbringen / Schminke / aus Korea / ich / du
한국에서 화장품을 가져다 줄 수 있니?

_____?

6 Herr Hempel / sein / Lehrer / am Gymnasium
헴펠 씨는 고등학교 선생님이십니까?

_____?

환경 Umwelt

1 대체 에너지

Alternative Energien

Alternative Energien schaden nicht der Umwelt und geben einen kleinen Beitrag zur Umwelt.

대체 에너지는 환경에 해를 미치지 않으며, 환경에 적은 영향을 미친다.

2 ~을 위험에 처하게 하다

gefährden

Familien, die ihren Müll nicht trennen, gefährden die Umwelt.

쓰레기를 분리하지 않는 집들은 환경을 위험에 처하게 한다.

3 ~을 희생하여

auf Kosten gehen von

Die industrielle Entwicklung eines Landes geht oft auf Kosten der Umwelt.

한 나라의 산업개발은 종종 환경을 희생하여 이루어진다.

4 멸종 위기에 처하다

vom Aussterben bedroht sein

Auf der Welt gibt es 1,7 Millionen Tierarten, die wegen des Menschen vom Aussterben bedroht sind.

지구에 사는 170만 종이 넘는 다양한 동물들이 인간 때문에 멸종될 위기에 처해 있다.

5 보호하다

schützen

Der Mensch muss die Natur und die Umwelt schützen.

인간은 자연과 환경을 반드시 보호해야만 한다.

6 파괴하다

zerstören

Der Mensch zerstört die Umwelt.

인간이 환경을 파괴한다.

7 유해물질

die Schadstoffe

Die Schadstoffe in Luft und Wasser müssen reduziert werden.
공기와 물 속의 유해물질이 감소되어야 한다.

8 부담을 주다

belasten

Die Autoabgase belasten die Luft und die Umwelt.
자동차 배기가스가 공기와 환경에 부담을 준다.

9 폐기 처분

die Entsorung

Die Frage der Entsorgung von radioaktiven Abfällen ist ein aktuelles Problem.
방사능 폐기물 처분에 관한 문제는 현실의 문제이다.

*aktuell 현실의, 실제의

TIPP!

환경파괴 die Umweltzerstörung
환경오염 die Umweltverschmutzung
환경(보호)의식- das Umweltbewusstsein
환경 문제를 의식하고 있는 umweltbewusst (형용사)
환경친화적인 umweltfreundlich (형용사)

1 Immer mehr Tierarten sind _____.

점점 더 많은 동물류가 멸종 위기에 처한다.

2 Wegen der _____ sind viele Flüsse in Korea stark verschmutzt.

유해물질 때문에 한국의 많은 하천이 심하게 오염되었다.

3 Wir müssen die Wälder vor dem Waldsterben _____.

우리는 숲을 산림 파괴로부터 보호해야 한다.

4 Die Entsorgung von radioaktivem Müll geht _____.

방사능 폐기물 처리는 환경을 희생하여 이루어진다.

5 In den Anfängen der Industrialisierung wurde die Umwelt durch die unkontrollierten Ausstoß von Abgasen in die Luft _____.

산업화 초기의 제한 없는 배기가스 방출로 인해 환경이 위험에 처하게 되었다.

전치사를 필요로 하는 동사
Verben mit fester Präposition

an- auf- bei- für- mit- nach- über- um -von -zu

achten	auf	einladen	zu	passen	zu
anfangen	mit	sich entscheiden	für	reagieren	auf
antworten	auf	sich entschuldigen	für	sprechen	mit
sich ärgern	über	sich erinnern	an	sich streiten	mit
aufpassen	auf	fragen	nach	teilnehmen	an
sich bedanken	für	sich freuen	über auf	telefonieren	mit
beginnen	mit	gehören	zu	sich treffen	mit
sich beschweren	über	sich gewöhnen	an	träumen	von
sich bewerben	für	glauben	an	sich unterhalten	mit
bitten	um	gratulieren	zu	verzichten	auf
danken	für	hoffen	auf	sich vorbereiten	auf
denken	an	sich informieren	über	warten	auf
diskutieren	über	sich interessieren	für	zweifeln	an

1 Du musst _____ den Verkehr achten.

너는 교통을 주의해야만 한다.

2 Sie achtet _____ ihre Gesundheit.

그녀는 자기의 건강을 지킨다.

3 Er gibt viel Geld _____ gesundes Essen aus.

그는 건강한 음식을 위해서 많은 돈을 지불한다.

4 Sie will sich mehr _____ die Umwelt kümmern.

그녀는 환경을 더 중요하게 생각하고 싶어한다.

5 Ich kann mich nicht _____ das schlechte Wetter gewöhnen.

나는 날씨에 적응하기가 쉽지 않습니다.

6 Ich freue mich _____ das Wochenende.

나는 주말을 고대하고 있다.

7 Sie ärgert sich _____ das Klima am Arbeitsplatz.

그녀는 직장에서의 분위기(기후)에 화가났다.

8 Du bist _____ einem Fest eingeladen.

너는 파티에 초대 받았어.

9 Ich treffe mich morgen _____ Julia.

나는 내일 율리야를 만난다.

10 Ich erinnere mich gerne _____ die Reise nach Korea.

한국 여행이 좋은 기억으로 남았다.

11 Ich interessiere mich _____ Geschichte und Politik.

나는 역사와 정치에 관심있다.

자주 틀리는 문법

B1

비인칭 주어 es와 man

Stellvertreter Subjekt „es" und „man"

Regel: Unpersönliche Pronomen stehten für eine oder mehrere Personen. Durch man wird eine Aussage verallgemeinert oder generalisiert: Sie ist für alle gültig.

규칙: 독일어 부정대명사 man은 일반적인 사람을 가리킬 수도 있지만 대화 상황에 따라서는 말하는 사람을 가리킬 수도 있습니다. 1격에서 man이 쓰이고, 3격이나 4격에서는 부정관사 ein을 씁니다.

man의 격변화

1격 Nominativ	man	Man spricht Deutsch in Österreich.
3격 Dativ	einem	Es ist schön, wenn einem geholfen wird.
4격 Akkusativ	einen	Es täte gut, wenn ich einen hätte.

1 **In Korea ist Folgendes üblich.** 한국에서는 이것이 보통입니다.

> **Normalerweise .....(mit einer kurzen Verbeugung begrüßen)**
> 허리를 굽혀(머리숙여) 인사합니다
> **Normalerweise begrüßt man sich mit einer kurzen Verbeugung**

a) Normalerweise.....(dem Gast einschenken)
손님에게 (술을) 따라준다

_____

b) Normalerweise.....(beim Essen nicht laut die Nase schnauben)
밥 먹으면서 코를 푼다

_____

c) Normalerweise......(mit dem Essen anfangen, wenn der Dienstälteste anfängt)
제일 어르신이 식사를 시작하면, 밥을 먹기 시작한다

_____

d) Normalerweise.....(zum Kaffeetrinken verabreden)

커피를 마시기 위해 약속을 잡는다

_____

2 In Deutschland steigert es Ihre Wertschätzung, wenn...

～하면 독일에서는 존경을 받는다

man beim Trinken Prost sagt.	(beim Trinken „Prost" sagen) 술을 마실 때 '건배'라고 말하면

a) _____ (am Tisch „Guten Appetit" sagen)

식사 때 '맛있게 드세요'라고 말하면

b) _____ (nicht mit offenem Mund kauen)

(무언가를 먹을 때) 입을 벌리지 않고 먹으면

c) _____ (ein Trinkgeld von 10 Prozent geben)

10%의 팁을 주면

3 Welche Sprache spricht man in den Ländern?

각 나라에서 어떤 언어를 말합니까?

Deutsch in Deutschland Man spricht Deutsch in Deutschland.	독일에서는 독일어로 말합니다.

a) Englisch in England

_____ 영국에서는 영어로 말합니다.

b) Amerikanisch in den USA

_____ 미국에서는 영어로 말합니다.

c) Polnisch in Polen

_____ 폴란드에서는 폴란드어로 말합니다.

d) Türkisch in der Türkei

_____ 터키에서는 터키어로 말합니다.

4 Wie kann man Deutsch lernen? 어떻게 하면 독일어를 배울 수 있을까요?

> **Man kann...** (~할 수 있다)
> **Man muss...** (~해야 한다)

1 ....(einen Deutschkurs machen) 독일어 수업을 듣는다

_____

2 ....(jeden Tag Deutsch mit einem Muttersprachler sprechen)
매일 원어민과 이야기를 나눈다

_____

3 ....(seine Hausaufgaben machen) 숙제를 한다

_____

4 ....(sich bei einer Sprachschule anmelden) 어학원에 등록한다

_____

5 ....(täglich die Aussprache üben) 매일 발음을 연습한다

_____

6 ....(den Lehrer fragen, wenn man etwas nicht versteht)
이해를 못 할 때, 선생님에게 물어본다

_____

5 Es –대명사 사용하는 방법

1. **Es steht immer für einen Satzteil.** 한 문장의 부분을 말할 때

   Ich soll mein Zimmer aufräumen. Ich mache es morgen.

2. **Es steht bei Verben, die das Wetter betreffen:** 날씨를 말할 때

   Es schneit, es regnet, es blitzt, es donnert, es friert,
   es ist kalt, es ist warm, es ist heiß, es ist windig, es ist nass, es ist trocken,
   es ist hell, es ist dunkel,(...)

3. **Es steht bei Verben, die die Zeit betreffen:** 시간을 말할 때

   Es ist 1 Uhr, es ist Sommer, es ist mitten in der Nacht, es ist schon spät,
   es war einmal,(...)

4. **Es steht bei Verben, die Geräusche ausdrücken:** 소리를 말할 때

   Es hat geklopft, es knarrt, es summt, es piept, es brummt, es rasselt,(...)

5. **dass-Sätze: dass** 문장과 함께

   Es tut mir leid, dass...
   Es stimmt, dass...
   Es ist sicher, dass...
   Ich finde es gut, dass...
   Es scheint, dass...
   그 외에 (es- 3인칭 = 그것)

관사가 없는 명사, 단수로 사용하는 명사

Nomen ohne Artikel; Nomen im Singular

1 Stoffbezeichnungen, Sammelbezeichnungen, Abstrakta,

Abstrakta stehen ohne Artikel, wenn sie eine Eigenschaft, einen Zustand oder einen Vorgang beschreiben.

대상의 어떤 속성이나 상태 등을 묘사하는 경우, 집합명사와 추상명사, 그리고 물질명사는 관사 없이 사용한다.

Stoffbezeichnungen 물질명사	Die Krawatte ist aus Seide 비단(실크) 재질의 넥타이 Ich suche ein Hemd aus Baumwolle. 나는 면 재질의 셔츠를 찾는다.
Sammelbezeichnungen 집합명사	Du solltest (viel) Obst essen. 너는 과일을 많이 먹는 것이 좋겠어. Gemüse ist derzeit sehr teuer. 요즘 채소는 굉장히 비싸다. Kannst du mir Milch aus dem Supermarkt mitbringen? 혹시 슈퍼마켓에서 우유 좀 사다 줄 수 있겠니? Ich habe viel Gepäck.[1] 나는 짐이 많다. Wir brauchen noch Butter. 우리는 버터가 더 필요해. Ich esse gern Brot. 나는 빵을 즐겨 먹는다.
Abstrakta 추상명사	Die Arbeit erfordert Durchsetzungsvermögen. 그 일에는 단호한 자세가 요구된다. Ich höre gerne Musik. 나는 음악을 즐겨 듣는다.

Berufsbezeichnungen, Nationalitaetsbezeichnungen 직업이나 국적의 표현	Meine Mutter ist Ärztin. 나의 어머니는 의사이다. Mein Vater ist Angestellter. 나의 아버지는 회사원이다. Mein Bruder ist Pianist. 형은 피아니스트이다. Ich bin Student. 나는 학생이다. Mein Vater ist Deutscher meine Mutter ist Koreanerin. 나의 아버지는 독일 사람이고, 어머니는 한국 사람이다.

---

1 강조할 때 viel을 사용하세요. viel (형용사, 관사)

  예 Ich habe viel Gepäck. 나는 짐이 많다.

2 아래의 Nullartikel을 사용하여 문장을 완성하세요.

1 Haben Sie _____?(der Hunger)

2 Ich habe heute Morgen _____ getrunken.(die Milch)

3 Ich trinke _____ nur mit _____.(der Kaffee, die Milch)

4 Möchtest du _____ mit _____?(das Brot, die Butter)

 TIPP! **Nullartikel**은 앞에 **Mengenbezeichnung**이 나올 수 있다.

ein Glas, eine Tasse, eine Scheibe, 1 Kilo
Ich esse gern das Gemüse.(×)
Ich esse gern Gemüse(○)ebenso: Ich esse gern Champignongs.
                                 Ich esse gern Germknödel.
                                 Ich esse gern Senfeier.

3 다음 문장을 독일어로 바꾸세요.

1 ich / gern / Filme / sehe

   나는 영화 보는 것을 좋아해.

   _____

2 nicht / ausstehen / kann / Zigarettenqualm / ich

   나는 담배연기를 싫어해.

   _____

3 ich / für mein Leben gern / esse / Spaghetti

   나는 스파게티 먹는 거 좋아해.

   _____

4 Wasser / ist / wichtig / trinken

   물 마시는 것은 중요해.

   _____

4 다음 레시피를 완성하세요.

Rezept für Senfeier

1. _____ in einem Topf zerlassen. (die Butter)

2. 600g _____ zugeben und rühren.(das Mehl)

3. 300ml _____ und 50ml _____ einrühren.
   (Gemüsebrühe, Schlagsahne)

4. Vier _____ kochen.(die Eier)

5. 4 Teelöffel _____, _____, _____ in die Soße
   geben.

   (der Senf, das Salz, der Zucker)

6. _____ in die Soße geben und dazu _____ servieren.

   (die Eier, die Kartoffeln)

해석 ·⫷▶ Senfeier 레시피
  1. 냄비에 버터를 녹인다.
  2. 밀가루를 넣고 저어 준다.
  3. 야채 육수와 휘핑 크림을 저어 준다.
  4. 계란 4개를 익힌다.
  5. 겨자 4 티스푼과 소금 설탕을 소스에 넣는다.
  6. 계란을 소스에 넣고 감자를 서빙한다.

정관사와 부정관사

Bestimmter und unbestimmter Artikel

부정관사	정관사
Wird ein Nomen in der Erzählung das erste Mal geäußert, steht der unbestimmte Artikel. Und auch wenn eine Sache unbestimmt, unbekannt ist oder keinen Namen hat, nimmt man den unbestimmten Artikel. 어떤 이야기 가운데 명사가 처음으로 사용되면, 부정관사를 사용합니다. 그리고 어떤 사물이 불특정하거나 불분명할 때 혹은 이름이 없을 때에도 부정관사를 사용합니다. Ein Mann steht vor der Tür. 한 남자가 문 앞에 서 있다. Männer stehen vor der Tür. 남자들이 문 앞에 서 있다. (특정 남성이 아닌 다수의 일반 남성)	Wenn ein Nomen wiederholt wird, wird der bestimmte Artikel gebraucht. 앞에서 언급한 명사를 다시 언급할 때, 정관사를 사용합니다. Der Mann ist der Postbote. 그 남자는 우체부이다. Die Männer sind von der Polizei. 저 남자들은 경찰 출신이다.
처음 언급할 때	**이미 알고 있을 때**
Ich habe einen Hund. 나는 강아지 한 마리가 있다. (기른다) Das Kind trägt eine Mütze auf dem Kopf. 그 아이는 머리 위에 모자를 하나 쓰고 있다. Eine Frau hat angerufen. 한 여성이 전화를 했다.	Der Hund ist ja süß. 그 강아지는 정말 귀엽다. Die Mütze sieht niedlich aus. 그 모자는 귀여워 보인다. Die Frau hieß Müller. 그 여성분은 뮐러라고 불렸다.

nicht와 kein의 사용법

Der Gebrauch von „nicht" und „kein"

1 nicht의 위치

1. Immer nach dem Verb (2.Position) 동사 뒤
   - **Sie isst nicht.**

2. Immer vor dem Infinitiv, Partizip II, trennbaren Verben 동사 원형, 과거분사, 분리동사 앞
   - **Ich habe gestern nicht geschlafen**

3. Immer vor Prädikativen z.B. gut sein 서술어 앞
   - **Ich bin nicht gut in Sport.**

4. Immer vor Adverbialen Bestimmungen 부사구 앞
   - **Ich wohne nicht in Berlin.**

2 nicht가 주로 오는 위치

Immer nach Akkusativobjekten, Dativobjekten, freien Adverbialen

– Ich finde die Schlüssel nicht

– Ich antworte ihm nicht

– Ich arbeite dort nicht.

3 kein의 격변화

1격	kein	keine	kein
2격	keines	keiner	keines
3격	keinem	keiner	keinem
4격	keinen	keine	kein

※ 부정을 표현할 수 있는 다른 방법

> **überhaupt nicht, gar nicht/kein + 명사 (전혀)**
> 주 + 동 + überhaupt keinen + 목
> 주 + 동 + überhaupt + 목

Ich habe überhaupt gar keinen Hunger.

나는 전혀 배고프지 않다.

Du singst überhaupt nicht schlecht.

너는 노래를 못 부르지 않는다(괜찮다).

> **noch nie (단 한번도)**
> 주 + 동 + noch nie + 목

Ich war noch nie in der Sauna.

나는 사우나에 가 본 적이 없다.

Ich war noch nie in Korea.

나는 한국에 가 본 적이 없다.

> **unter (gar) keinen Umständen (어떤 상황에서도)**
> 주 + 동 + unter gar keinen Umständen + 목

Ich möchte unter gar keinen Umständen ins kalte Wasser.

나는 어떤 상황에서도 물에 들어가고 싶지 않다.

Ich will unter keinen Umständen morgens angerufen werden.

어떤 상황에서도 아침에 전화하지 않았으면 좋겠다.

> **nie/niemals (절대로)**
> 주 + 동 + niemals/nie + 목

Ich würde niemals alkoholisiert Auto fahren.

나는 절대로 술 취한 상태로 운전을 하지 않을 것이다.

Ich fahre nie mit dem Auto.

나는 절대로 자동차를 운전하지 않는다.

> **etwas – nichts (아무것도 ～아니다)**

Hast du etwas zum Essen? - Nein ich habe nichts zum Essen.

뭐 좀 먹을게 있어? – 아니, 아무것도 없어.

Hast du etwas? - Nein, ich habe nichts.

무슨 일 있어? – 아니야, 아무것도 아니야.

4 빈칸에 부정사 kein, keine, keinen, keinem을 넣으세요.

1 Ich habe heute _____ Lust auf Sport. (die Lust)

운동 할 마음이 없다.

2 Ich mag _____ Milchreis. (der Milchreis)

나는 Milchreis를 싫어해.

3 Ich möchte mehr Deutsch lernen, aber ich habe _____ Zeit.
(die Zeit)

독일어를 더 많이 공부하고 싶은데, 시간이 없다.

4 Ich spiele _____ Instrument. (das Instrument)

나는 악기를 다루지 못한다.

5 Ich muss etwas notieren, aber ich finde _____ Stift.

나는 무언가를 써야 하지만, 펜을 찾을 수 없다.

6 Ich glaube, das ist _____ gute Idee.

이것이 좋은 생각이 아니라고 본다.

7 Er isst _____ Fleisch. Er ist Vegetarier.

그는 고기를 먹지 않는다. 그는 채식주의자다.

5 아래 한국어 문장을 보고 독일어로 부정문을 만드세요.

> Ich trage Jeans. (die Jeans) 나는 청바지를 입지 않는다.
> → **Ich trage keine jeans.**

1   Er hat gestern einen Anzug getragen. (der Anzug)
    그는 어제 정장을 입지 않았다.

    _____

2   Ich gehe heute zur Arbeit.
    나는 오늘 일하러 가지 않을 거야.

    _____

3   Ich kann mit Messer und Gabel umgehen.
    나는 칼과 포크를 다룰 수 없다.

    _____

4   Sie ruft mich an.
    그녀는 나에게 전화를 하지 않는다.

    _____

5   Sie zieht morgen nach Hamburg.
    그녀는 내일 함부르크로 이사하지 않는다.

    _____

6   Sie kann kochen.
    그녀는 요리할 수 없다.

    _____

7   Sein Kleidungsstil ist normal.
    그의 옷 스타일이 정상이 아니다.

    _____

8   Sie grüßt mich.

그녀는 나에게 인사하지 않는다.

_____

9   Ich spiele Klavier. (das Klavier)

나는 피아노를 연주하지 못한다.

_____

10 Ich finde ihn sympathisch.

나는 그에게 호감이 가지 않는다.

_____

Teil 2
Training

MODUL LESEN

B1

독해 파트 1 유형

블로그 글은 개인 생활과 관련하여 실생활과 관련된 상황을 다룹니다.
Lesen Teil 1을 위해서 현대식 표현, 문어체와 구어체(Umgangssprache) 차이에 대한 이해가 필요합니다. 문어체와는 달리 구어체에서는 실생활 표현들이 많고 속어나 특수표현도 많은 편입니다. Lesen Teil 1에서 나오는 단어는 기본적으로 좋은 독일어 회화 자료입니다.

핵심 전략

- 블로그 글, 이메일 등의 서신이 나옵니다.

- 자신의 이야기, 느낌이나 생각, 알리고 싶은 견해나 주장을 일기처럼 적어 놓은 글입니다.

- 지문을 둘러싼 상황과 관련된 일, 시간적 흐름 등을 얼마나 잘 파악하고 이해했는지가 중요한 포인트입니다.

- 구어체, 감정 표현 등에 대해 더 주의하여 읽고 해석하는 것이 중요합니다.

기출 토픽

- 일상적인 내용의 블로그 또는 편지

문제 풀이 전략

1. 질문 또는 보기를 읽고 핵심 어휘를 확인합니다.

2. 지문에서 질문 또는 보기의 핵심 어휘와 관련된 내용을 찾습니다.

3. 각 보기와 지문 내용을 하나씩 대조하여 정답을 선택합니다.

Teil 1 (10 Min.)

Lesen Sie den Text und die Aufgaben 1 bis 6 dazu. Richtig oder Falsch?

Teil 1 Text

Wenn man Mitte 30 ist, ist es manchmal ganz schön schwer, sich abends mit Freunden zu verabreden. Alle sind so furchtbar erwachsen geworden – mit Kindern und Karriere. Keiner hat mehr Zeit, um spontan um die Häuser zu ziehen. Erbärmlich ist das. Wo sind nur die guten alten Zeiten geblieben?

Was sind wir Mittdreißiger langweilig geworden. Nichtsdestotrotz hatten wir es eines Tages tatsächlich mal wieder geschafft, uns zu einer Barverabredung zu treffen. Wahnsinnig aufgeregt, und mit Augenringen sind wir auf der Suche nach einer schönen, verrauchten, lauten Bar mit klebrigem Boden und herzensguten Barkeepern.

Doch beim ersten Laden: eine lange Schlange vor der Tür. Nein, danke. Wenn man Schlange stehen will, stellt man sich bei überteuerten Touristenattraktionen an oder bei Starbucks am Kudamm zur Mittagszeit. Bei der zweiten Kneipe dann: keine Schlange, ungehinderter Zugang. Als wir uns setzen wollten, fragte uns die Mitarbeiterin nach dem Namen für unsere Reservierung.

Schließlich fanden wir an dem besagten Abend doch noch eine passable Bar, wo wir aber nicht allzu lang blieben. Zu laut, zu verraucht, zu klebrig. Und das ist dann das Schöne an einem lange herbeigeplanten Treffen: Dass man eigentlich keine angesagte Location braucht, um eine gute Zeit zu haben. Am Ende sitzt man mit einem Späti-Radler in irgendeiner Wohnungsküche, redet über die früheren wilden Jahre und fühlt sich sogar wieder ein bisschen jung.

aus der Berliner Morgenpost(geändert)

1. In den Dreißigern trifft man sich oft mit seinen Freunden.

○ Richtig   ○ Falsch

2. Die Freunde haben es endlich geschafft, sich zu verabreden.

○ Richtig   ○ Falsch

3. **Sie bevorzugen laute und dreckige Bars.**

    ○ Richtig   ○ Falsch

4. **In die erste Bar kamen sie sofort rein.**

    ○ Richtig   ○ Falsch

5. **Vor der zweiten Bar stand eine lange Schlange vor der Tür.**

    ○ Richtig   ○ Falsch

6. **Am Ende des Abends sitzen die Freunde in einer Küche und trinken Bier.**

    ○ Richtig   ○ Falsch

나이가 30이 되면 친구들을 만날 시간이 별로 없다. 우리는 다들 너무 어른스러워졌다 – 직장생활을 하며 아이를 키우며. 서로 바쁘기 때문에 친구들을 만나기가 어렵다. 아무래도 다들 바쁘다 보니까. 잠깐 만나는 친구들이 없다. 너무 가엾다! 옛 좋은 추억들이 다 사라졌다.

우리의 30대가 너무 재미 없어진 건 아닌가 싶다. 그럼에도 불구하고 어느 날 바에서 드디어 만나기로 했다. 너무나도 가슴이 뛰었고 다크서클이 가득한 채로 담배 연기가 자욱하고 시끄러우면서도 바닥은 끈적하고 바텐더는 친절한 그런 좋은 바를 찾아다녔다.

하지만 첫 번째 가게에서는 입구 앞에 긴 줄이 보였다. 아이고 됐네요! 줄 서서 기다리고 싶은 마음이 있으면 관광지나 Kudamm에 있는 스타벅스에 가서 점심 시간에 커피를 마시면 되지. 두 번째 장소에서는 기다리는 줄도, 방해도 없이 입장했다. 우리가 자리에 앉으려고 할 때. 일하는 사람이 예약을 했냐고 물었다.

그날 밤 드디어 마땅한 바를 찾았지만, 오래 머물지는 못했다. 너무 시끄럽고, 담배 연기가 너무 많고, 너무 끈적거렸다. 하지만 오랜만에 만나면 좋은 점이 있다. 좋은 시간을 가지기 위해서 인기 있는 장소는 필요없다. 하루를 마칠 때 어느 집 주방에서 옛날 이야기를 하면서 늦은 맥주를 먹었다. 다시 젊어지는 느낌이 들었다.

1. 30대가 되면 친구를 자주 만날 수 있다.

◎ 그렇다   ◎ 아니다

2. 그 친구들은 드디어 만날 약속을 잡는 데 성공했다.

◎ 그렇다   ◎ 아니다

3. 그들은 시끄럽고 더러운 술집을 선호한다.

◎ 그렇다   ◎ 아니다

4. 첫 번째 바는 바로 들어 갈 수 있었다.

◎ 그렇다   ◎ 아니다

5. 두 번째 바는 긴 줄이 있었다.

◎ 그렇다   ◎ 아니다

6. 친구들과 밤에 어느 집 주방에서 맥주를 마시고 있다.

◎ 그렇다   ◎ 아니다

Mitte 30 sein	30대 중반이다
(auch: in den Mittdreißiger sein)	
etwas schwer sein	(무엇을) 어려워하다
sich mit jm. verabreden	(누구와) 약속하다
keine Zeit haben	시간이 없다
erbärmlich sein	가엾다, 불쌍하다
langweilig sein/werden	지루하다
etwas schaffen-	~을 해내다
sich (zu einer Barverabredung) treffen	(바에서) 만나기로 하다
aufgeregt sein	신이 나다, 흥분하다
e. Augenringe	다크서클
Augenringe haben	다크서클이 있다
auf der Suche sein	찾다
e. Schlange	줄
an der Schlange stehen	일렬로 나란히 서다
verraucht	연기가 가득한
klebrig	끈적끈적한, 달라붙는
sich anstellen bei	줄을 서다
e. Mittagszeit	정오, 점심 때
zur Mittagszeit	정오경
(auch: um die Mittagszeit)	
ungehindert	방해 받지 않은, 저지 받지 않은
r. Zugang	통로, 입구
r. Mitarbeiter/e. Mitarbeiterin	일을 하는 사람, 점원
e. Reservierung	예약
eine Reservierung machen/vornehmen	예약하다
nach einer Reservierung fragen	예약이 있는지 물어보다
das Schöne sein an etw.	장점이다/ 장점을 가지고 있다
(auch: Das Gute sein an etw.)	

기사, 잡지, 보도 자료의 형태로 새로운 소식을 전달하는 글입니다.
지역사회, 회사, 문화 행사 소식까지 다양한 분야의 주제를 다룹니다. 어휘 능력이
많이 요구되고 지문이 긴 경우가 많아서 난이도가 높은 지문 유형입니다.

핵심 전략

- 기사, 잡지 및 보도자료 등의 서신이 나옵니다.
- 보도자료는 신문 기사체로 작성한 글입니다.

기출 토픽

- 기사, 잡지 및 보도자료

문제 풀이 전략

1. 기사의 제목이나 앞부분에서 주제를 파악하면 지문의 세부 내용을 파악하기 쉽습니다.

2. 기사의 주제는 주제를 나타내는 관련 표현을 익혀 두면 쉽게 찾을 수 있습니다.

3. 관련된 어휘를 익혀 두면 지문 내용 파악에 도움이 됩니다.

Teil 2 (20 Min.)

Lesen Sie den Text und bearbeiten Sie die Fragen 7-9. Welche der Antworten A, B oder C sind richtig?

Teil 2 Text 1

> **Flexible Arbeitszeiten haben Tücken für Männer**
>
> Extrem flexible Arbeitszeiten gehen einer neuen Studie zufolge oft zulasten der Beschäftigten. Im Homeoffice oder mit völlig selbstbestimmten Arbeitszeiten falle das Abschalten am Abend besonders schwer, hieß es in der Erhebung der Hans-Böckler-Stiftung.
>
> Bei Beschäftigten im Homeoffice liegt laut Studie die Wahrscheinlichkeit, abends nicht abschalten zu können, bei 45 Prozent. Offenbar verschwimmen die Grenzen zwischen den Lebensbereichen bei dieser Arbeitsweise besonders leicht. Dies gelte für Männer und Frauen gleichermaßen. Bei völlig selbstbestimmten Arbeitszeiten falle hingegen lediglich Männern das Abschalten schwerer. Die Wahrscheinlichkeit liege bei 40 Prozent, dass sie abends nicht zur Ruhe kommen.
>
> Studienautorin Yvonne Lott führte dies darauf zurück, dass gerade Männer dazu neigten, ohne vorgegebene Grenzen übermäßig lange zu arbeiten. Frauen dagegen seien „typischerweise geübtere Grenzgängerinnen" als Männer. Sie nutzten zeitliche Flexibilität statt für unzählige Überstunden eher, um Haus- und Sorgearbeit mit dem Job unter einen Hut zu bringen, erklärte die Böckler-Expertin für Arbeitszeiten.

Aufgaben 7 bis 9 - Teil 2 Text 1

> Beispiel: 0 - Teil 2
>
> **Flexible Arbeitszeiten ...**
>   - a   fördern die Vereinbarkeit mit der Familie.
>   - b   können sich für manche Männer als Problem herausstellen.
>   - c   helfen, einen strikten Zeitplan einzuhalten.
>
>   Lösung: b

Aufgabe 7

In diesem Text geht es um ...

- ○ a einen persönlichen Erfahrungsbericht.

- ○ b den unterschiedlichen Umgang mit Homeoffice zwischen Mann und Frau.

- ○ c die Probleme am Arbeitsplatz.

Aufgabe 8

Die Studie will zeigen, dass ...

- ○ a Frauen und Männer beim Home Office gleichermaßen unter Stress leiden.

- ○ b Männer schlechter abschalten als Frauen.

- ○ c Männer häufiger von zu Hause arbeiten als Frauen.

Aufgabe 9

Frauen bevorzugen die Heimarbeit, weil...

- ○ a sie Urlaub machen wollen.

- ○ b neben der Arbeit die Hausarbeit flexibel erledigen können.

- ○ c weil sie sich den langen Arbeitsweg sparen wollen.

한스뵈클러재단(Hans-Böckler-Stiftung) 연구에 따르면 탄력 근무제를 너무 유연하게 적용하는 것이 근로자에게는 오히려 부담이 될 수 있다고 한다. 특히, 자택근무자 혹은 자의적으로 자신의 근무 시간을 조정할 수 있는 사람의 경우 저녁 때 언제 근무 시간을 종료할 시간인지가 매우 곤란하게 다가올 수 있다. 실제 연구에 따르면 자택근무자의 45%가 저녁 때 제대로 근무를 종료하지 않아 일상 생활 반경과 근로 환경이 쉽게 중첩되는 현상을 빚는다고 답했으며, 이 현상은 비단 남성뿐만 아니라 여성에게도 해당된다. 이와 반대로 자의적으로 근무 시간을 결정할 경우, 남성들이 일과 가정의 분립에 더욱 어려움을 겪는다. 실제로 40% 정도는 퇴근 후 안정을 찾지 못하는 사례가 발생한다고 한다.

이러한 연구 결과에 대해 이본 로트(Yvonne Lott)연구원은 '남성들의 경우 주어진 환경 속에서 끊임없이 일을 하는 경향이 강하다'고 덧붙였다. 또한, 뵈클러(Böckler) 재단 연구원은 이러한 근무 시간의 행태에 대해 여성들의 경우 남성에 비해 '일과 가정의 경계를 자유롭게 넘나드는 전형적인 선수들'인 경우가 많고, 실제로 그들은 일을 하면서도 집안일을 하고 아이들을 돌보는 모든 일을 시간적 유연성을 통해 초과 근무의 형태로 해내는 경향이 있다고 설명한다.

Beispiel 0
탄력적인 근무 시간은...

- ⦿ a 일과 가정이 양립하도록 돕는다.
- ⦿ b 남성에게만 해당한다.
- ⦿ c 일정표를 엄수하게 한다

정답: b

문제 7

본 글은...

- ⦿ a 개인적인 경험을 기록한 것이다.

- ⦿ b 자택근무를 다루는 남성과 여성의 다양한 방법에 대해 말하고 있다.

- ⦿ c 직장생활에서의 문제에 대해서 다룬다.

문제 8

이 연구가 보여주는 바는...

◎ a 여성과 남성이 재택근무에 동등하게 스트레스를 받고 있음을 보여준다.

◎ b 남성들이 여성들에 비해 업무를 쉽사리 그만두지 못한다는 점을 보여준다.

◎ c 남성들이 여성들보다 더 자주 집에서 근무한다.

문제 9

여성들이 자택근무를 선호하는 이유는...

◎ a 휴가를 즐기고 싶기 때문이다.

◎ b 일과 함께 집안일을 할 수 있기 때문이다.

◎ c 긴 출퇴근 시간을 절약할 수 있기 때문이다.

e. Arbeitszeit, en	업무 시간, 근무 시간
die flexible Arbeitszeit	탄력근무
die feste Arbeitszeit	고정적인 근무 시간
e. Tücke, n	간계, 술책, 악의
Tücken haben	무엇이 결함이 있다(고장 나다)
e. Studie, n	연구 논문
einer Studie zufolge (동+주+목)	한 연구에 따르면
zulasten von	~잃어 가며(훼손시키면서)
r. Beschäftigte, n	종업원, 고용인
s. Homeoffice	홈 오피스 (출근시간 자유화의 극단적인 한가지 예로, 정규 근무 시간에 가정에서 근무하는 재택근무 형태)
selbstbestimmt	스스로 결정한
abschalten-s. Abschalten	1. 끄다 2. 신경을 끄다, 푹 쉬다
doppelt	두 배의
doppelt so hoch wie	~의 두 배 높이인
r. Arbeitnehmer	피고용자, 종업원
offenbar	분명한, 명료한
verschwimmen	불분명해지다, (윤곽이) 희미해지다
die Grenzen verschwimmen	경계(선) 불분명해지다
r. Lebensbereich, e	생의 한 영역
e. Arbeitsweise, n	일하는 법
leicht +동사	쉽게 ~하다
heißen	1. 불리다 2. 의미하다
es heißt	...라는 셈이다, ...라는 이야기이다
gelten für	유효하다, 통용되다
gleichermaßen	똑같이, 비슷하게
lediglich	다만, 전혀
jm. schwerfallen	어렵다, 힘들다
e. Wahrscheinlichkeit, en	확률
e. Ruhe	1. 고요 2. 휴식, 안식
zur Ruhe kommen	편히 쉬다
r. Prozentpunkt, e	퍼센트 수치(의 차이)
e. Studienautorin, innen	연구 저자
etw. zurückführen auf	무엇을 ~근원으로 소급하다
neigen zu	경향(버릇이) 있다, (무엇에) 약하다
typischerweise	전형적으로, 일반적으로
r. Grenzgängere. Grenzgängerin, innen	국경을 넘나드는 사람
geübte	숙련된, 숙달된
nutzen	이용하다, 사용하다

zeitlich	시간적인
zeitliche Flexibitlität	시간적인 신축성
unzählig	헤아릴 수 없는, 무수한
unzählige Überstunden	초과 근무
e. Hausarbeit	가사일
unter einen Hut bringen	일치시키다, 통일시키다

Teil 2 Text 2

Grüne Oasen

In Berlin entstehen immer mehr Gemeinschaftsgärten, mit denen sich Hobbygärtner für das Stadtklima einsetzen.

Auf einem Hinterhof an der viel befahrene Holzmarktstraße in Friedrichshain pflanzt Fabio Tiedemann Kräuter. Überall dominiert die Farbe Grau. Niemand würde hier eine Oase vermuten.

Doch neben neuen Häusern am Spreeufer entsteht auch ein Gartenprojekt, bei dem sich viele Gartenliebhaber engagieren. Nicht für Geld. Sondern freiwillig, weil sie gerne zusammen ein Stück Land beackern und so zur Verbesserung des Stadtklimas beitragen. Solche Nachbarschafts- und Gemeinschaftsgärten boomen in Berlin. Wie viele Gemeinschaftsgärten es genau sind, weiß keiner so genau. Manche Gemeinschaftsgärten sind so groß, dass sich dort dutzende Bürger und Initiativen engagieren, auch Schulen und Kitas machen mit. „Man muss nicht extra auf das Land fahren, wenn man sich nach einem grünen Garten sehnt, sondern schließt sich einfach einem der vielen Gemeinschaftsgärten in Berlin an", sagt Ines Fischer von der Grünen Liga Berlin. Die Idee: Gemeinschaftsgärten verschönern nicht nur die Umgebung und haben für die Stadtentwicklung einen hohen ökologischen Wert. Sie bringen auch die unterschiedlichsten Menschen zusammen und stärken den sozialen Zusammenhalt.

Aufgabe 10

In diesem Text geht es darum, dass

- a   die Wartelisten für Gartenliebhaber immer länger werden.
- b   Berliner Gemeinschaftsgärten zum Klima– und Umweltschutz beitragen.
- c   man sich für den Schutz bestehender Gärten einsetzt.

Aufgabe 11

Gemeinschaftsgärten ....

- a   fördern bürgernahe Grünkonzepte in Berlin.
- b   unterstützen die Weiterbildung von Kindern und Jugendlichen in Workshops.
- c   dienen als Erholungsraum und zum Anbau von Lebensmitteln.

Aufgabe 12

Ines Fischer meint, dass

- ⃝ a es in Berlin mehr Gemeinschatsgärten geben muss.

- ⃝ b sich der Trend nach urbaner Gartenarbeit fortsetzt.

- ⃝ c Gemeinschaftsgärten die Gemeinschaft zwischen den Menschen stärkt.

그린 오아시스

최근 베를린에는 사람들이 모여 취미로 정원을 가꾸면서 도시 환경 개선에도 일조하는 다양한 공동 텃밭 모임이 증가하는 추세이다. 실제로 파비오 티데만(Fabio Tiedemann)씨는 베를린의 홀츠마크트가(Holzmarktstraße)의 뒤뜰에서 허브를 재배하는데, 사실 이 지역 어디를 둘러봐도 생기라곤 찾아 볼 수 없는 잿빛의 땅이기 때문에, 그 어느 누구도 이 지역에 오아시스가 있을 것이라고는 상상조차 하지 못한다. 더불어 슈프레 강가 주변에서는 강 주변에 늘어선 집들을 중심으로 정원을 사랑하는 사람들이 모여 정원 프로젝트를 진행하는데, 이 프로젝트의 목적은 단순히 돈을 벌기 위해서가 아니고 그들 스스로가 함께 밭을 일구고, 이를 통해 도시 환경 개선에 기여한다는 데 있다. 이와 같은 이웃 간, 커뮤니티 간 정원을 가꾸는 모임은 최근 베를린에서 전성기를 맞이하고 있으며, 그 수가 어느 정도 되는지 아직 정확히 파악한 사람이 없다. 또한, 다수의 공동 텃밭은 그 규모가 거대해서 많은 수의 시민, 시민단체, 학교, 유치원에서도 동참하여 활동한다. 이에 관해 베를린 공동텃밭 책임자 이네스 피셔(Ines Fischer)는, "우리는 이제 자연을 느끼기 위해서 굳이 시골에 갈 필요가 없어졌습니다. 쉽게 베를린에서 운용되는 다수의 공동 텃밭 프로젝트 중 하나에 참여해 보세요."라고 말했다. 이의 기저에는 공동 텃밭이 단순히 주변 환경 경관을 개선하는 데만 초점을 맞추는 것이 아니라 도시 발전을 위해서 생태학적 가치를 불어넣어 준다는 전제가 깔려있다고 할 수 있다. 즉, 사람들은 공동 텃밭을 가꾸며 다양한 사람들과 함께할 수 있고 이를 통해 사회적인 유대감을 더욱더 강화시킬 수 있다.

문제 10

이 글에는 다음과 같은 내용이 있습니다.

- ○ a 공동 텃밭 프로젝트에 참여하고자 하는 대기자가 점점 늘어나고 있다.
- ○ b 베를린에서 운용되는 공동 텃밭은 기후 및 환경 보호에 기여한다.
- ○ c 정원사들이 기존의 정원을 보호하기 위해 애쓴다.

문제 11

"공동 텃밭은....

- ○ a 베를린의 시민 친화적인 녹지 조성 계획을 촉진시킨다.
- ○ b 워크샵에서 아이들과 청소년들이 평생교육[1]을 받을 수 있도록 지원한다.
- ○ c 쉼터이자 식료품 재배 공간의 역할을 한다.

문제 12

이네스 피셔(Ines Fischer)는 이렇게 주장한다.

○ a 베를린에 더욱 더 많은 공동 텃밭이 있어야 한다.

○ b 도시에서 정원을 가꾸는 트렌드가 지속될 것이다.

○ c 공동텃밭은 인간 관계를 강화시킨다.

---

1 역주: 자기 계발을 위해 지속적으로 받는 교육

e. Oase	오아시스
r. Gemeinschaftsgarten	공동 텃밭
r. Gärtner	정원사
(auch: r. Hobbygärtner)	(취미로 정원을 가꾸는 사람)
r. Hinterhof	뒤뜰
pflanzen	재배하다
Kräuter pflanzen	약초를 재배하다
vermuten	상상하다, 추측하다
s. Gartenprojekt	정원 프로젝트
r. Gartenliebhaber	정원을 사랑하는 사람
freiwillig	스스로, 자발적인
s. Land	땅, 밭
beackern	일구다
s. Stadtklima	도시기후
die Verbesserung des Stadtklimas	도시 환경 개선
zu etwas beitragen	기여하다
boomen	전성기를 맞이하다
Gemeinschaftsgärten boomen.	공동 텃밭은 전성기를 맞이하고 있다
mitmachen	참여하다
e. Initiative, n	단체
e. Bürgerinitiative	시민단체
extra	일부러, 특별히, 굳이
sich jm/etw. anschließen	합류하다, 동참하다, 참여하다
verschönern	경관을 개선하다
ökologisch	생태학적
der ökologische Wert	생태학적 가치
sozial	사회적
der soziale Zusammenhalt	사회적인 유대감
stärken	강화시키다

독해 파트 3 유형

Lesen Teil 3에서는 7개의 연관되지 않은 각기 다른 상황들이 나옵니다.
각 사람마다 원하는 목표가 나와 있으며, 그 내용과 관련된 광고, 안내문, 공지
이벤트를 선택하는 문제입니다.

핵심 전략

- 7명에 대한 문장들이 나옵니다. 각 사람마다 원하는 목표가 있습니다. 원하는 목표에 해당되는 서비스, 광고, 기획을 찾아야 합니다.
- 일반 광고, 안내, 이벤트 프로그램, 영화 일정이 나옵니다.
- 일반 광고에서는 서비스, 식당, 상점, 기획, 각종 프로그램 등 다양한 내용을 다룹니다.
- 평균 10지문 정도 출제됩니다.
- 일반 광고에서 홍보하고자 하는 내용 및 주제를 파악할 수 있어야 합니다.

기출 토픽

- 광고, 안내문, 일정표 등

문제 풀이 전략

1. 7개의 문장들을 읽고 원하는 목적을 파악합니다. 가장 중요한 단어(정보)에 밑줄로 표시합니다. (예: 안톤은 영화를 즐긴다. – 정답: 영화 상영 전의 광고)

2. 7개의 문장/상황 중에 한 상황은 해당되는 광고가 없습니다.

3. 10개의 광고를 읽으며, 상품에 대한 간단한 홍보 내용을 파악한 뒤 주제가 되는 정보를 표시합니다. (예: 뮤지컬, 경마장 등)

4. 각 상황과 광고 내용을 하나씩 대조하여 관련된 광고를 선택합니다.

5. 10개 중 3개의 광고는 상황과 관련 없는 광고입니다.

Teil 3 (10 Min.)

Lesen Sie die Situationen 13 bis 19 und die Anzeigen A bis J aus verschiedenen deutschsprachigen Medien. Wählen Sie: Welche Anzeige passt zu welcher Situation?

Sie können jede Anzeige nur einmal verwenden. Die Anzeige aus dem Beispiel können Sie nicht mehr verwenden. Für eine Situation gibt es keine passende Anzeige.

In diesem Fall schreiben Sie ○.

Für das Wochenende suchen verschiedene Personen etwas Interessantes, an dem sie teilnehmen können.

Die Situationen 13 bis 19 - Teil 3

Beispiel: 0 - Teil 3

Joachim sucht nach neuen Wegen seine Rente zu verbessern.

Anzeige: g

Situation 13

Vincent würde gern etwas gewinnen.

Anzeige:

Situation 14

Familie Steiner treibt gerne Sport.

Anzeige:

Situation 15

Sascha liebt Musik und Tanz und möchte etwas unternehmen.

Anzeige:

Situation 16

Diana liebt unkonventionelle Darbietungen und ist immer auf der Suche nach etwas Neuem.

Anzeige:

Situation 17

Frau Richter ist ein großer Fan von Helene Fischer.

Anzeige:

Situation 18

Alev geht gerne ins Kino und schaut sich anspruchsvolle Filme an.

Anzeige:

Situation 19

Herr Scholdra liebt Oldtimer und Pferde. Am liebsten würde er jedes Wochenende auf Turniere gehen.

Anzeige:

Anzeigen

Anzeige a

**Rennbahn Hoppegarten-
Grand Prix Festival Meeting**

-spektakuläre Pferderennen und spannende
Wettmöglichkeiten.

Einlass 12 Uhr
Ziel-Logenplätze: Einzelkarte: 40 Euro
Panorama-Logenplätze: Einzelkarte 25 Euro

Anzeige b

Von Monet bis Kandinsky. Visions Alive

Eine weitere multimediale Bilderschau zu
ausgewählter Musik ist zu sehen. Auf ca. 1.000 qm
präsentieren sich die Werke der 16 bedeutendsten
Künstler aus der Epoche der klassischen
Moderne.

Eintritt: 23,50 Euro

Anzeige c

**BREAK THE TANGO- TANGO MEETS
STREET-DANCE**
Wer: Tango-tänzer aus Argentinien,
internationale Breakdancer und eine
Elektrotango-Band
Was: „Break the Tango" ist eine Tanzshow,
die zwei ganz unterschiedliche Tanzstile
zusammenführt.

Wo: Admiralspalast
Kartentelefon 611 01 312

Anzeige d

Madame Tussauds Berlin
Erleben Sie einen aufregenden Abend in Begleitung
unserer Wachsfigurenexpertin, die Ihnen alles über
die Herstellung unserer Figuren erzählen wird.
Bewundern Sie die neue Helene Fischer Figur.

Karten für 18 Euro
Kartentelefon: 300148674 (Mo-Fr 9-18 Uhr)
Oder per E-mail: madametussausdsberlin@
merlinerentertainments.biz

Anzeige e

TULPENFIEBER
Großes Leinwandspektakel mit Starbesetzung,
u.a. mit den Oscar-Preisträgern Alicia Vikander,
Christopher Waltz, Judi Dench und Dane
DeHaan.

Kinostart 24.August 2017
www.tulpenfieber-derfilm.de

Anzeige f

**SCHLOSSFEST
FRIEDRICHSFELDE
8.Großes Rokoko-Fest**
- *Konzerte-Führungen*
- *Dressur-Reiten*

- Beginn: Samstag, den 19. August, 10-17 Uhr
- Eintritt: regulärer Tierparkeintritt
www.schloss-friedrichsfelde.de

Anzeige g

Deutsche Rentenversicherung
Vortragsangebot der Deutschen
Rentenversicherung

September 2017
06.09   Rentenkurs für Einsteiger;
         Folgetermine: 13.09, 20.09 und 27.09
12.09   Jeder Monat zählt! Bausteine für
         meine Rente
26.09   Altersrenten- Wer? Wann? Wie(viel)?

service.in.berlin@drv-bund.de

Anzeige h

ISTAF BERLIN- WELTBESTE LEICHTATHLETIK

- jährlich rund 50.000 Besucher
- 180 Spitzensportler
- Beginn: Sonntag, 27. August 2017

Kartentelefon: 01806-300333*

Anzeige i

CABARET- DAS MUSICAL
Erleben Sie die viel gefeierte Inszenierung
des Regisseurs und Madonna Choreografen
Vincent Paterson in Berlin!

Preisklasse I 44,50 Euro
Preisklasse II 54,50 Euro
Kartentelefon: 390 66 55

Anzeige j

Ostsee relaxed
beauty24 und PLUS verlosen einen Aufenthalt im
Hotel Villen im Park

Gewinnen Sie 2 Nächte für 2 Personen im
4-Sterne-Hotel Villen im Park.
E-Mail an
Gewinnspiel@bvg.de oder Postkarte(s.S. 37,
Stichwort „Wellness")

13번부터 19번까지의 상황과, A부터 J에 해당하는 다양한 독일어 광고를 읽으십시오. 어떤 광고가 어떤 상황에 해당하는지 고르십시오.

각각의 광고는 한 번씩만 사용할 수 있습니다. 예시에 나오는 광고는 더 이상 사용할 수 없습니다. 어떠한 상황에 대해서는 이에 적합한 광고가 없습니다.

이 경우 ○이라고 쓰십시오.

주말에 사람들이 놀러 가기 좋은 곳을 찾습니다. 해당되는 광고를 선택하십시오.

13부터 19까지의 상황 – Teil 3

> 예시: 0 – Teil 3
> **요아힘은 본인의 퇴직연금을 개선 방안을 찾는다.**
> 해당 되는 공고: g

상황 13　　빈센트는 무언가에 당첨되는 것을 바란다.

상황 14　　슈타이너 가족은 정규적으로 운동을 한다.

상황 15　　자샤는 음악과 춤을 좋아하며 어디에 놀러 가고 싶다.

상황 16　　디아나는 특별 공연을 좋아하고 새로운 것을 찾는다.

상황 17　　리히터 씨는 헤레느 피셔의 팬이다.

상황 18　　아렙은 영화를 좋아하고 수준 높은 영화를 관람하는 것을 좋아한다.

상황 19　　숄드라 씨는 올드타이머와 말을 좋아한다. 할 수만 있다면 매 주말마다 경기를 보러 가고 싶다.

광고 a 호프가르텐 경기– 그랑프리 페스티발 미팅 극적인 경마와 흥미진진한 베팅 기회 입장: 12시 결승점 특별석: 1인 40유로 파노라마 특별석: 1인 25유로	**광고 b** 모네부터 칸딘스키까지. "비전 어라이프" 이번에 더 특별히 선정된 음악과 함께하는 멀티미디어 그림 전시회가 열립니다. 약 1000m²의 공간에서 16명의 중요한 아티스트들의 근대주의 작품을 전시합니다. 입장: 23.50유로
광고 c 브레이크 더 탱고– 탱고 스트리트 댄스를 만난다 누구: 아르헨티나에서 온 탱고 댄서. 세계적인 브레이크 댄서와 전자음악 밴드 무엇: "브레이크 더 탱고"는 각색의 댄스 스타일을 화합시키는 댄스쇼입니다. 장소: 아드미랄스팔라스트 예약문의 611 01 312	**광고 d** 마담투소 박물관 베를린 우리의 밀랍인형 전문가와 함께하는 멋진 밤을 경섬해 보세요. 그녀는 여러분께 우리의 조각품 제작에 대한 모든 것을 알려드리게 될 것입니다. 헬렌 피셔의 새로운 작품도 경험해 보세요. 입장: 18유로 예약문의: 300148674 (월–금 9시–18시) E–mail 신청: madametussausdsberlin@merlin erentertainments.biz
광고 e 툴펜피버 스타들이 모인 특별 영화 기획. 오스카 수상자 알리시아 비칸더. 크리스토퍼 발츠. 쥬디 덴츠, 그리고 데인 드한이 함께합니다. 영화개봉 2017년 8월 24일 www.tulpenfieber-derfilm.de	**광고 f** 프리드리히스펠데 궁전 페스티벌 제8회 로코코 대축제 – 공연 – 마장 마술 시작: 8월 14일 10시–17시 입장: 일반 동물원 입장 www.schloss-friedrichsfelde.de

<table>
<tr>
<td>

광고 g

독일 연금보험

독일 연금보험 주최 강연입니다.

2017년 9월

9월 6일   초보자를 위한 연금세미나.

                날짜 9월 13일, 9월 20일, 9월 27일

9월 12일   월마다 중요하다! 나의 연금을 위한

                한 단계 한 단계.

9월 26일   연금– 누구? 언제? 얼마?

service.in.berlin@drv–bund.de

</td>
<td>

광고 h

이스타프 베를린– 세계적인 육상경기

– 매년 50.000 방문객

– 180명의 탑 선수들

– 시작: 2017년 8월 27일 (일)

예약문의: 01806–300333*

</td>
</tr>
<tr>
<td>

광고 i

카바레– das Musical

감독이자 마돈나의 안무가인 빈센트 패터슨

감독의 수많은 찬사를 받은 공연을 베를린에서

경험해 보세요!

1급 요금제 44.50 유로

2급 요금제 54.50 유로

예약문의 390 66 55

</td>
<td>

광고 j

Ostsee에서의 휴양

Beauty24와 PLUS가 Villen im Park 호텔 숙박

기회를 추첨합니다.

4성급 호텔인 Villen im Park 호텔에서의 2인 2박

숙박권을 놓치지 마세요

2인 2일 4성급 호텔 빌른 암 파크.

이메일 문의 Gewinnspiel@bvg.de

또는 우편으로 p. 37. 표어 "Wellness")

</td>
</tr>
</table>

e. Anzeige	광고
spektakulär	극적인
r. Einlass	입장
(auch: r. Eintritt)	
r. Platz	자리, —석
e. Einzelkarte	(한 명을 위한) 입장권
(auch: e. Karte)	
e. Band	밴드
aufregend	흥미진진한
z.B. *ein aufregender Abend* 흥미진진한 밤	
s. Kartentelefon	예약 문의 전화번호
per	—으로, —에 의하여, —으로써
z.B. *per Email-* 이메일로(이메일 문의)	
s. Spektakel	구경거리, 장관
s. Leinwandspektakel	특별 영화 기획
r. Kinostart	영화 개봉
s. Fest	축제, 잔치, 페스티벌
s. Schlossfest	궁전 페스티벌
regulär	정식의
der reguläre Eintritt	정식 입장
r. Vortrag	강연
s. Vortragsangebot	제공 강연
s. Musical	뮤지컬
erleben	경험하다, 맛보다
r. Aufenthalt	체류지, 머무는 장소
verlosen	복권 추첨
einen Hotelaufenthalt verlosen	호텔 숙박을 추첨하다
gewinnen	이기다, 당첨되다
in der Lotterie/im Lotto gewinnen	복권이 당첨되다

독해 파트 4 유형

한 토론 주제를 다루는 신문이나 잡지 따위의 독자란이 나옵니다.
현지인의 토론 내용이므로 자세히 이해하기보다는 누가 찬성이며(ja) 반대인지를
(nein) 잘 파악해야 합니다.

핵심 전략

– 각 독자들의 의견을 읽고 핵심 어구를 확인합니다.

– 제시된 찬성/반대 주장을 잘 파악한 뒤 ja, nein에 체크합니다.

기출 토픽

– 신문, 잡지 등

문제 풀이 전략

– 독자 의견을 읽고 중요한 어구에 밑줄로 표시한다.

Teil 4 (15 Min.)

Lesen Sie die Texte 20 bis 26. Wählen Sie: Ist die Person **ein Befürworter von Smartphones?** Antworten Sie mit ja oder nein. In einer Zeitschrift lesen Sie Kommentare zu dem Thema *„Wie das Smartphone uns in der Hand hat".*

Aufgaben 20-26

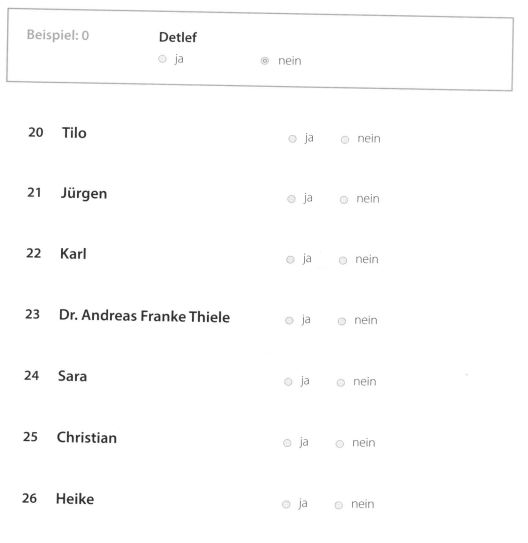

Beispiel: 0   **Detlef**
　　　　　　　○ ja　　　　◉ nein

20　**Tilo**　　　　　　　　　　　○ ja　　○ nein

21　**Jürgen**　　　　　　　　　○ ja　　○ nein

22　**Karl**　　　　　　　　　　　○ ja　　○ nein

23　**Dr. Andreas Franke Thiele**　　○ ja　　○ nein

24　**Sara**　　　　　　　　　　　○ ja　　○ nein

25　**Christian**　　　　　　　　○ ja　　○ nein

26　**Heike**　　　　　　　　　　○ ja　　○ nein

Kommentare 20-26

Beispiel

Wie unhöflich. Neulich im Lokal: Ein schönes Paar. Ihr Blick fixiert auf das Smartphone. Wie unhöflich ist es, der Maschine mehr Aufmerksamkeit zu widmen als dem Menschen gegenüber. Ich bedaure die beiden, sie werfen die schöne Zeit miteinander einfach weg.

Detlef Lange

23

Die Bedrohung wird unterschätzt. Die ständige Ablenkung vom Wesentlichen gefährdet das soziale Gefüge und die Berufswelt. Firmen beklagen sich darüber, dass Mitarbeiter nicht mehr problemorientiert in die Tiefe denken können, weil sie vom Smartphone abgelenkt werden.

Dr. Andreas Franke-Thiele

20

Was machen Sie, wenn man sich verliert? Früher gab es aufregende Suchaktionen. Verliert man sich heute, ruft man kurz an und verabredet sich neu im kleinen Café an der Ecke.

Tilo Schneider, Schüler

24

Jeder etwas jüngere Mensch ist froh, dass er ein Smartphone hat. Stellen Sie sich vor, wie man früher vor verschlossener Tür gestanden hat, weil das Museum, das Kino oder das Theater wegen Renovierungsarbeiten geschlossen hatte. Heute geht man kurz auf die Website und weiß Bescheid.

Sara Ritter, Studentin

21

Zu alt für moderne Technik? Wenn mich auf der Straße orientierungslose Smartphone User anrempeln, wenn ein Kind im Einkaufszentrum weint, weil der Papa nur auf sein Handy schaut, dann bleibe ich doch lieber bei meinem alten Nokia-Handy, mit dem ich sogar im Auto frei sprechen kann.

Jürgen Osterwald(78 Jahre)

25

Das Smartphone ist oft mein Lebensretter. Haben Sie schon einmal versucht ohne Smartphone ein Hotel zu finden? Seien wir doch mal ehrlich. Neben all der Kritik nutzt uns das Smartphone viel öfter, als es uns schadet. Oder?

Christian Benduhn, Hotelfachmann

22

Man kann die Smartphone-Fixierung in jedem Bus oder Zug beobachten. Der gesenkte Blick übersieht dann beispielsweise jemanden, der neben einem Platz nehmen möchte oder das Gespräch sucht. Zeiten der Konzentration und der Ruhe sind wichtig, um sich auch selbst näher zu kommen: Smartphone-Nutzung braucht Maß und Ziel.

Karl Brunner, Klagenfurt/Österreich

26

Schulen sollten die Chancen nutzen, die Smartphones böten - und gleichzeitig den sinnvollen Umgang mit ihnen lehren. Als Recherchewerkzeug oder als Wörterbuch beispielsweise.
So lernen Schüler früh, Handys sinnvoll zu nutzen - zumal die Geräte auch im späteren Leben der meisten eine große Rolle spielen werden

Heike Klovert, Redakteurin

아래의 텍스트(20~26번)를 읽고 다음의 질문에 맞는 답을 고르십시오: 본문의 주인공은 스마트폰 사용에 찬성하는 입장입니까? 반대하는 입장입니까? 예 또는 아니오로 대답하십시오. 다음은 "어떻게 스마트폰이 우리를 좌지우지하는가?"에 관한 내용입니다.

문제 20-26

예시 0	Detlev		
	○ 예	◉ 아니오	

20	**Tilo**	○ 예	○ 아니오
21	**Jürgen**	○ 예	○ 아니오
22	**Karl**	○ 예	○ 아니오
23	**Dr. Andreas Franke Thiele**	○ 예	○ 아니오
24	**Sara**	○ 예	○ 아니오
25	**Christian**	○ 예	○ 아니오
26	**Heike**	○ 예	○ 아니오

독자란 20-26

예제: 0

이렇게 무례한 일이 있을 수 있을까요! 최근에 가게에서 한 예쁜 커플을 보았습니다. 그런데 그들은 각자의 스마트 폰에서 눈을 떼질 못했죠. 같이 있는 상대방보다 기계에 더 집중하는 꼴이라니. 정말 안타깝네요. 함께하는 아름다운 소중한 시간을 이렇게 흘려 보내는 것 자체가 참 애석할 따름입니다.

데트레프 랑으

20

가서 못 만나면 어떻게 하세요? 옛날에는 다시 찾느라 헤매고 다녔죠. 오늘날에는 서로 안 보이면, 휴대폰으로 연락을 해서 근처에 있는 커피숍에서 약속을 잡죠.

틸로 슈나이더, 학생

21

현대 기술을 사용하기에는 제가 너무 늙었습니까? 길을 가다가 스마트폰에 빠져 방향을 잃은 사람들이 저를 치고 가는 것과 아빠가 마트에서 스마트폰에 빠져 있어 아이를 울리고 있는 것을 보면 저는 차라리 예전 노키아 휴대폰을 선택하겠습니다. 이 노키아 핸드폰은 자동차에서도 충분히 스피커폰으로 전화를 할 수 있습니다.

위르근 오스터발드, 78세

22

누구든지 스마트폰에 빠져 있다는 것은 버스나 기차에서 관찰할 수 있습니다. 내려다보는 시선 때문에 상대방을 못 쳐다보게 되어 대부분 대화를 시작할 수가 없는 것입니다. 쉬는 시간이나 침묵의 시간이 있어야 서로를 알게 될 기회가 됩니다. 스마트폰은 절제와 목적이 분명해야 합니다.

칼 브루너, 클라근푸트/오스트리아

23

위기가 과소평가 되고 있는 셈입니다. 본질을 회피하는 행동은 사회 전반의 구조와 직무체계를 위협할 것입니다. 기업은 직원이 스마트폰 사용으로 인해 집중력이 흐려지고 주의가 산만해진 영향으로 문제 해결 과정에서 심도 깊은 고찰을 하지 못한다고 불평합니다.

안드레아스 틸레 박사

24

젊은 사람들은 스마트폰이 있어서 다행이라고 생각하죠. 상상해 보세요. 옛날에는 갑자기 박물관, 영화관, 극장 앞에 도착했는데 문이 닫혀 있으면 황당했지만 요즘은 미리 인터넷 웹사이트에서 잠깐 확인하면 돼요.

사라 리터, 대학생

25

스마트폰은 이따금 저의 구원 투수였죠. 혹시 스마트 폰 없이 호텔을 찾아 보신 적 있으신가요? 우리 이제 좀 솔직해 보죠. 스마트 폰에 대한 무수히 많은 논란이 있지만 어찌됐든 우리한테 피해보다 이익을 더 많이 주는 게 사실 아닌가요?

크리스티안 벤둔, 호텔업계자

26

교육 기관은 검색 도구 혹은 사전 등으로 스마트폰이 학생들에게 배움의 과정에서 가져다 주는 이점을 잘 활용해야 할 것입니다. 어차피 스마트폰은 그들이 성인이 되면 각 개인의 삶에 중요한 영역을 차지하게 되고, 이러한 관점에서 그들이 보다 초기에 핸드폰을 유용하게 사용하는 방법을 배우는 것이 좋습니다.

하이케 크로베르트, 편집자

찬성	반대
Das Smartphone ist oft mein Lebensretter. 스마트폰은 저를 여러 번 구해줬습니다. (25)	Wie unhöflich. 이렇게 무례한 일이 있을 수 있을까요! (0)
Schulen sollten die Chancen nutzen und gleichzeitig den sinnvollen Umgang mit ihnen lehren. 학교측에서는 스마트폰을 기회로 삼고 의미있는 사용 방법을 알려줬으면 합니다. (26)	Die Bedrohung wird unterschätzt. 위기가 과소평가 되고 있는 셈입니다. (23)
Jeder etwas jüngere Mensch ist froh, dass er ein Smartphone hat. 젊은 사람들은 스마트폰이 있어서 다행이라고 생각하죠. (24)	Dann bleibe ich doch lieber bei meinem alten Nokia-Handy. 저는 차라리 예전 노키아 휴대폰을 선택하겠습니다. (21)
	Smartphone-Nutzung braucht Maß und Ziel. 스마트폰은 절제와 목적이 분명해야 합니다. (22)

fixieren	고정시키다, 빤히 쳐다보다
sich widmen	전념하다, 바치다
bedauern	불쌍히 여기다, 유감이다, 안타까워하다
wegwerfen	버리다, 낭비하다
verlieren	잃다, 잃어버리다
aufregend	흥분하는, 격앙되는, 떠들어대는
sich verabreden	약속을 잡다
orientierungslos	방향을 잃은
anrempeln	부딪치다, 툭 치다
gesenkt	낮아지는, 내려다보는
sich näher kommen	가까워지다, 친밀한 사이가 되다
unterschätzen	과소평가하다
s. Gefüge	구조, 조직
sich beklagen über+Akk.	～에 대해 슬퍼하다, 불평하다
in die Tiefe	심도있게
verschlossen	폐쇄된
e. Renovierung	개선
kurz	짧은, 잠깐
r. Lebensretter	생명의 은인
e. Kritik	비판
böten	bieten (Konjunktiv II) 제공하다
zumal	특히
eine große Rolle spielen	～한 역할을 하다
e. Recherche	탐구, 검색

Lesen Teil 5에서는 시설 이용 규칙 나옵니다.
보통 어학원이나, 학교, 기숙사 등의 주의 사항이 쓰여 있는 독일어 문서입니다.
규칙 사항들을 읽고 정보를 수집하기 위해 내용을 잘 파악해야 합니다.

핵심 전략

- 내용이 어려우므로 제목과 key 단어를 정리합니다.
- 질문을 보고 바로 해당되는 정보를 제목에서 찾을 수 있을 것입니다.

기출 토픽

- 시설 이용 규칙문, 안내문, 주의문 등

문제 풀이 전략

1. 규칙 상황들을 읽는다.
2. 정보를 수집하기 위해 내용을 잘 파악한다.

Teil 5 (10 Min.)

Lesen Sie die Aufgaben 27 bis 30 und den Text dazu.

Wählen Sie bei jeder Aufgabe die richtige Lösung a, b oder c.

Sie informieren sich über die Hausordnung der Deutschothek Sprachschule e.U.(Deutschothek)mit Sitz in Wien, in dem Sie einen Kurs gebucht haben.

Aufgaben 27 bis 30 - Teil 5

Aufgabe 27

Das Rauchen..

- ⊙ a ist nur im Außenbereich gestattet.
- ⊙ b ist zwar erlaubt, es gibt allerdings keine Aschenbecher auf dem Gelände.
- ⊙ c ist auf dem gesamten Gelände verboten.

Aufgabe 28

Bei der Sauberkeit gilt,

- ⊙ a Schüler dürfen keinen Kaffee in den Kursräumen trinken.
- ⊙ b keine Kaffeebecher im Außenbereich stehen lassen.
- ⊙ c Schüler bringen ihre eigenen Kaffeetassen mit.

Aufgabe 29

Die Teilnahmebescheinigung erhält man nur

- ⊙ a wenn man regelmäßig am Unterricht teilgenommen hat.
- ⊙ b wenn man im Unterricht nicht mehr 25 Prozent gefehlt hat.
- ⊙ c wenn man bei Verspätung den Unterricht minimal gestört hat.

Aufgabe 30

Die Kundenberatung öffnet

○ a werktags nur vormittags.

○ b von 8.30–19.00 Uhr.

○ c in Ausnahmefällen auch am Wochenende.

HAUSORDNUNG

Umgang miteinander: Respekt, Offenheit, Vielfalt und Wertschätzung sind sehr wichtig. Gleichbehandlung und das Ausschließen jeglicher Diskriminierung aufgrund von Geschlecht, Alter, ethnischer Zugehörigkeit, Religion oder Weltanschauung, sexueller Orientierung oder Behinderung sind selbstverständlich.

Öffnungszeiten:
Die Kundenberatung ist an Werktagen in der Regel zu folgenden Zeiten geöffnet:
Montag – Freitag: 8:30 – 12:30 Montag – Donnerstag: 13:30 – 19:00
Freitagnachmittag und Samstag: nach Vereinbarung

Anwesenheit im Kurs und Teilnahmebestätigung
Es ist wichtig, pünktlich zum Unterricht zu kommen bzw. bei späterem Erscheinen den Unterricht nur minimalst zu stören. Eine Teilnahmebestätigung für einen Kurs kann nur ausgestellt werden, wenn mindestens 75 % der Unterrichtseinheiten (UE) besucht wurden.

Sauberkeit und Ordnung
Im Interesse aller ist es wichtig, die Kursräume und die Allgemeinflächen sauber und ordentlich zu halten. Kursräume, Lern- und Arbeitsplätze bzw. die Toilettenanlagen und der Kaffeebereich sind nach der Benutzung so zurückzulassen, wie sie vorgefunden wurden. Kaffeetassen bitte nicht aus der Sprachschule tragen, sondern den Kaffee in der Sprachschule trinken.

Öffentliche Aushänge und Werbung
Für das Verteilen von Flyern oder Prospekten, öffentliche Aushänge oder sonstige Werbung in der Schule brauchen Sie die Genehmigung des Office Managements. Werbematerial kann vom Office Management jederzeit entfernt werden. Werbung für politische Parteien und religiöse Organisationen ist in der Schule verboten.

Rauchen und Rauchverbot
Das Rauchen ist sowohl in den Räumlichkeiten der Deutschothek inklusive Balkon, als auch im gesamten Gebäude verboten.Das Rauchen ist vor dem Gebäude möglich. Zigarettenstummel sind in den am Mistkübel befestigten Aschenbecher zu entsorgen.

Verbote
Haustiere und Begleitpersonen dürfen nicht in den Kurs mitgenommen werden. Alkoholisierten Personen oder Personen unter Drogeneinfluss wird der Zutritt verweigert.

27-30의 문제와 해당 보기를 읽으십시오.

각 문제의 보기 a, b, c 중 옳은 것을 고르십시오.

당신은 지금 빈에 있는 *Deutschothek* 어학원 이하(*Deutschothek*)의 시설 이용 규칙에 대한 정보를 얻고 있습니다.

문제 27-30

문제 27

흡연은

- ⊙ a 흡연은 옥외에서만 허용된다.
- ⊙ b 허용 되나, 어학원 부지 안에 재떨이는 없다.
- ⊙ c 부지 전체에서 흡연은 금지되어 있다.

문제 28

청결 문제는

- ⊙ a 학생들은 강의실에서 커피를 마실 수 없다.
- ⊙ b 옥외 공간에 커피잔을 방치해 두면 안 된다.
- ⊙ c 학생들은 각자 자기 커피잔을 가져와야 한다.

문제 29

수강증은 다음과 같은 경우에만 받게 된다.

- ⊙ a 수업에 주기적으로 참여한 경우.
- ⊙ b 수업의 25% 이상 결석하지 않은 경우.
- ⊙ c 지각을 하더라도 수업 방해를 최소화한 경우.

문제 30

고객상담실은 운영 시간은...

- ○ a 주중 오전에만 한다.

- ○ b 8시 30분부터 19시까지 한다.

- ○ c 예외적인 경우에는 주말에도 한다.

시설 이용 규칙

서로 간의 예절: 존중심, 열린 마음, 다양성, 가치 존중이 중요함. 평등한 대우와 성별, 나이, 민족, 종교, 세계관, 성적 지향, 장애에 의한 차별 금지는 당연함.

영업 시간:
고객상담실은 원칙적으로 주중에 아래와 같은 시간에 운영함:
월요일 – 금요일: 8:30 – 12:30 월요일 – 목요일: 13:30 – 19:00
금요일 오후와 토요일: 합의에 따라 운영.

강의 출석 및 수강증명서
강의에 제시간에 출석하는 것과 지각 시 강의에 대한 방해를 최소화하는 것이 중요함. 수강증명서는 강의 단위(UE) 출석률이 최소 75% 이상인 경우에만 발행됨.

청결 및 규칙
모든 사람을 위해 강의실과 공동 공간은 청결과 정리정돈을 잘 유지해야 함. 강의실, 학습 및 근무 공간, 화장실, 커피 공간은 사용 후 처음과 같은 상태로 돌려 놓고 떠날 것. 커피잔을 어학원 밖으로 가지고 나가지 말고, 커피는 어학원 내부에서만 마실 것.

공지문과 광고
전단이나 소책자, 공지문 또는 기타 광고문을 학원 내에 배포하고자 할 때는 관리사무실의 허가를 받아야 함. 관리사무실은 언제든지 광고문을 제거할 수 있음. 학원 안에서의 정치 정당 및 종교 단체의 광고는 금지되어 있음.

흡연 및 흡연 금지
발코니를 포함한 Deutschothek의 실내 공간뿐만 아니라 건물 전체에서의 흡연을 금지함. 건물 앞에서의 흡연은 허가됨. 담배꽁초는 쓰레기통에 부착된 재떨이에 버릴 것.

금지사항
반려동물 및 동행자를 강의실에 데리고 들어올 수 없음. 술 또는 마약에 취한 사람의 출입을 금지함.

e. Hausordnung	시설 이용 규칙
s. Rauchen	흡연
gestattet sein(auch: erlaubt sein)	허용된다
r. Außenbereich, -e	바깥(외부), 옥외
r. Aschenbecher, -	재떨이
s. Gelände, -	토지, 부지
z.B. *auf dem Gelände* 부지에서	
e. Sauberkeit	청결, 깨끗함
gelten	유효하다, 행해지다
r. Kursraum, ⸚e	강의실
(auch: s. Klassenzimmer 교실)	
r. Kaffeebecher	커피잔
e. Teilnahmebescheinigung, -en	수강증명서
erhalten	얻다, 받다, 인수하다
nicht mehr als	더 이상 ... 아니다
fehlen	없다, 부족하다, 참석을 못 하다
e. Verspätung	지각, 연착
bei Verspätung	연착할 때
minimalst, minimal	최소의
stören	방해하다
e. Kundenberatung	고객 상담(소)
r. Werktag	근무일, 평일
r. Ausnahmefall	예외의 경우, 특례
s. Wochenende	주말

듣기

MODUL HÖREN

듣기 파트 1 유형

Hören Teil 1 영역에서는 일상적인 의사소통에서 사용되는 언어가 나옵니다. 일상생활과 관련 있는 간단한 대화를 듣고 파악하는 것과, 실생활에서 자주 접하는 간단한 안내 방송 등의 실용적인 담화를 듣고 내용을 파악하는 영역입니다.

핵심 전략

- 수신자에게 남긴 메시지, 병원, 업체 등의 음성 메시지를 다룹니다.
- 새로운 변경 사항 등에 대한 안내, 정보가 나옵니다.
- 교통수단 내의 안내 방송, 공항, 경로 안내, 주의 사항 등이 나옵니다.

기출 토픽

- 음성 메시지, 공공기관에서의 안내 방송 등
- 라디오 교통정보, 복잡한 일기예보 등

문제 풀이 전략

- 배경 지식을 활용하여 담화를 이해합니다.
- 다음에 올 내용을 예측하면서 단락별 주제를 찾습니다.
- 전체 내용을 이해하고 필요한 정보를 파악합니다.

▶ 무료 MP3 다운로드

Das Modul Hören besteht aus vier Teilen. Sie hören mehrere Texte und lösen Aufgaben dazu. Lesen Sie jeweils zuerst die Aufgaben und hören Sie dann den Text dazu. Für jede Aufgabe gibt es nur eine richtige Lösung.

 **MP3** H_Teil 01_00

Sie hören nun fünf kurze Texte. Sie hören jeden Text zweimal. Zu jedem Text lösen Sie zwei Aufgaben. Wählen Sie bei jeder Aufgabe die richtige Lösung. Lesen Sie zuerst das Beispiel. Dazu haben Sie in der Echtprüfung 10 Sekunden Zeit.

Beispiel

Textnummer 0

Aufgabe 1
Sara braucht einen Wagen, um einen Vertreter vom Flughafen abzuholen.
  ○ Richtig   ○ Falsch

Aufgabe 2
Sara möchte den Wagen leihen,
  a   um das Geld zu sparen.
  b   um nach der Arbeit nicht noch zur Autovermietung zu müssen.
  c   um ein paar Einkäufe zu erledigen.

Nr. 0

Sie hören eine Nachricht auf dem Anrufbeantworter.

Hallo Martin, ich bin's. Wir wollten doch heute zusammen essen gehen. Mir ist leider etwas dazwischen gekommen. Ich muss dringend einen Vertreter aus unserer Hauptgeschäftsführung in Korea vom Flughafen abholen. Ich habe allerdings ein Problem. Mein Auto ist in der Werkstatt. Kannst du mir vielleicht deinen Wagen leihen? Ich müsste sonst nach der Arbeit zur Autovermietung fahren. Es wäre riesig von dir.
Bitte sag mir Bescheid, es ist wirklich dringend.

Aufgabe 1

Thomas schlägt vor, nach Asien zu fliegen.

    ○ Richtig   ○ Falsch

Aufgabe 2

Er möchte ...

    a   mit dem Flug für 799 Euro fliegen.

    b   mit dem Flug für 1299 Euro fliegen.

    c   gar nicht fliegen.

Nr. 1

Sie hören eine Nachricht auf dem Anrufbeantworter.

Hallo Mirko, Ich bin`s Thomas. Ich habe jetzt mal nach Flügen nach Korea geschaut. Leider sind die alle teurer, als ich dachte. Wir sind wohl nicht die Einzigen, die Weihnachten nach Korea wollen. Also, der billigste Flug kostet 799 Euro. Aber da sind wir dann ziemlich lange unterwegs, weil wir zwei Mal umsteigen müssten. Der schnellste Flug geht direkt nach Seoul, aber der kostet 1299 Euro. Der wäre mir am liebsten. Ruf mich doch zurück, wenn du nach Hause kommst. Bis dann.

Aufgabe 3

Der Termin von Frau Roth wird verschoben.

○ Richtig ○ Falsch

Aufgabe 4

Frau Roth soll ...

a   ihre Chipkarte mitbringen.

b   später nochmal zurückrufen.

c   morgen vorbeikommen.

Nr. 2

Sie hören eine Nachricht auf dem Anrufbeantworter.

Guten Tag Frau Roth, hier spricht Frau Hofer von der Praxis Dr. Märtens. Ich rufe an wegen Ihres Termins am Montag, den 9. November um 8.45 Uhr. Frau Dr. Märtens muss an diesem Tag leider zu einer Operation ins Krankenhaus. Deshalb müssen wir Ihren Termin verschieben. Ich könnte Ihnen folgende Termine anbieten: Donnerstag, den 12. November um 12.15 Uhr oder Montag, den 16. November um 9 Uhr. Bitte rufen Sie mich doch zurück, und geben Sie mir Bescheid. Die Nummer ist 0561 / 883 45 88. Vielen Dank, auf Wiederhören

---

Aufgabe 5

Sie hören Veranstaltungstipps für München.

⊙ Richtig   ⊙ Falsch

Aufgabe 6

Auf den Straßen gibt es Stau wegen …

a   einer Baustelle.

b   des Berufsverkehrs.

c   eines Radrennens.

Nr. 3

Sie hören eine Durchsage im Radio.

Achtung, Autofahrer! Morgen findet in Hamburg und in Teilen von Schleswig-Holstein und Niedersachsen eine große Radrennveranstaltung statt, die Tour de Nord. In diesen Gebieten werden schon ab heute Nacht, 22 Uhr, viele Straßen gesperrt. Autofahrer müssen mit Staus rechnen. Wenn es Ihnen möglich ist, umfahren Sie die betroffenen Gebiete bitte weiträumig.

Aufgabe 7

Sie hören eine Information für eine Reisegruppe.

○ Richtig ○ Falsch

Aufgabe 8

Welcher Zug fällt aus? Der Zug nach …

a   Bern.

b   Stralsund.

c   Lausanne.

Nr. 4

Sie hören eine Durchsage am Hauptbahnhof.

Auf Gleis 2 fährt ein der Interregio 179 nach Hamburg über Berlin Ostbahnhof und Zoologischer Garten. Planmäßige Abfahrt um 11.20 Uhr. Die erste Klasse befindet sich im Sektor A. Das Bordrestaurant ist im Sektor B. Der Fahrradwaggon befindet sich im Sektor E. Vorsicht bei der Einfahrt. Und noch eine wichtige Information für die Fahrgäste nach Stralsund: Der Intercity um 14.10 Uhr fällt wegen einer Betriebsstörung aus. Die nächstmögliche Verbindung ist der Intercity um 18.15 Uhr auf Gleis 2. Wir danken Ihnen für Ihr Verständnis.

Aufgabe 9

Das Wetter wird im Osten Deutschlands besser.

  ○ Richtig   ○ Falsch

Aufgabe 10

Vorausgesagt werden heute...

a   Gewitter an der Elbe.

b   Temperaturen unter 11 Grad.

c   starke Regenfälle im Westen.

Nr. 5

Sie hören den Wetterbericht im Radio.

Und nun noch das Wetter für heute: Nach dem starken Regen der letzten Tage gibt es heute am Himmel zwar noch viele Wolken, aber es bleibt trocken. Die Temperaturen liegen bei 5 bis 7 Grad. Ab morgen zeigt sich dann sogar öfter einmal die Sonne. Für Morgen liegen die Temperaturen bei 9 bis 11 Grad.

듣기 영역은 4개의 파트로 구성되어 있습니다. 당신은 다양한 텍스트를 듣고 그에 대한 문제를 풉니다. 먼저 각각의 문제를 읽고 그 다음에 텍스트를 듣습니다. 각각의 문제에는 단 하나의 정답이 있습니다.

이제 5개의 짧은 텍스트를 들려 드립니다. 각각의 텍스트는 두 번 들려 드리며 텍스트마다 2개의 문제를 풀게 됩니다. 각 문제에서 알맞은 답을 고르십시오. 먼저 아래 예시를 읽으십시오. 실제 시험에서는 10초의 시간이 주어집니다.

지문 번호 0

문제 1

사라는 공항에서 대리인을 마중나가기 위해서 차량이 필요하다.

◉ 그렇다 　　　　　　　○ 아니다

문제 2

사라는 차량을 빌리고 싶어 한다.

a 　　　　　돈을 절약하기 위해서

b 　　　　　업무를 마치고 또 다시 자동차 렌트샵으로 가지 않기 위해서

c 　　　　　장을 보기 위해서

Nr. 0

당신은 자동응답기 메시지를 듣고 있습니다.

마틴 안녕, 나야. 우리 오늘 밥 먹기로 했는데. 안타깝게도 나 일이 생겼어.
내가 급하게 한국 지사 대표를 데리러 공항에 가야 해. 하지만 문제가 하나 있어. 내 자동차가 수리 중이야. 혹시 네 자동차 빌려줄 수 있어? 너가 빌려주지 않으면 나는 일 끝나고 자동차 렌트샵으로 가야해. 가능하다면 너는 정말 최고야.
연락줘. 나 정말 급해.

지문 번호 1

문제 1

토마스는 아시아로 떠날 것을 제안한다.

　　◉ 그렇다　　　　　　◉ 아니다

문제 2

그가 하고 싶은 것은 …

　　a　　　　799 유로짜리 비행기를 타는 것이다.

　　b　　　　1299 유로짜리 비행기를 타는 것이다.

　　c　　　　전혀 타지 않는 것이다.

Nr. 1

당신은 자동응답기의 메시지를 듣고 있습니다.

안녕 미르코. 나야 토마스. 나 지금 한국으로 가는 비행기를 알아봤어. 생각보다 비싸네. 크리스마스에 한국에 가려는 게 우리뿐만은 아닌가 봐. 제일 싼 비행기는 799 유로야. 근데 비행 시간이 너무 길어. 두 번이나 갈아타야 하거든. 제일 빠른 건 서울행 직항인데, 1299 유로나 해. 난 이게 제일 좋을 거 같아. 집에 오면 전화해 줘. 안녕.

지문 번호 2

문제 3

Roth 부인의 약속이 연기되었다.

○ 그렇다   ○ 아니다

문제 4

Roth 부인은 ...

a   보험카드를 챙겨 오라고 한다.

b   나중에 다시 전화하라고 한다.

c   내일 들르라고 한다.

Nr. 2

당신은 자동응답기의 메시지를 듣고 있습니다.

안녕하세요. 로트 부인. 저는 매르텐스 병원의 호퍼입니다. 9월 9일 월요일 8시 45분에 잡혀 있는 예약 때문에 전화를 드렸습니다. 아쉽지만 이날 매르텐스 선생님께서 수술 집도를 위해 병원에 가셔야 합니다. 그래서 예약을 연기해 드려야 합니다. 다음과 같은 예약 시간을 제안해 봅니다. 11월 12일 화요일 12시 15분이나 11월 16일 월요일 9시가 어떠신지요. 저희에게 전화 주셔서 결정 사항을 알려 주시기 바랍니다. 전화번호는 0561 883 45 8입니다. 감사합니다. 안녕히 계세요.

지문 번호 3

문제 5

당신은 뮌헨의 행사 안내를 듣고 있다.

◉ 그렇다   ◉ 아니다

문제 6

교통체증의 원인은 ...

a   공사

b   출퇴근 차량

c   자전거 경주

Nr. 3

당신은 라디오 안내 방송을 듣고 있습니다.

운전자들은 주의하시기 바랍니다! 내일 함부르크 전역 그리고 슐레스비히–홀슈타인 및 니더작센 지역의 일부에서 대규모 자전거 경주인 투르드노드(Tour de Nord)가 열립니다. 이 지역에서는 이미 오늘밤 10시부터 많은 도로가 차단됩니다. 운전자들은 차량 정체를 예상하고 준비하시기 바랍니다. 되도록이면 해당 지역을 우회해 운행하시기 바랍니다.

지문 번호 4

문제 7

여행 그룹에 대한 정보를 듣는다.

◉ 그렇다   ○ 아니다

문제 8

어떤 열차가 취소되었는가?

a   베른행

b   슈트랄준트행

c   로잔행

Nr. 4

당신은 중앙역에서 안내 방송을 듣고 있습니다.

2번 승강장으로 Berlin Ostbahnhof와 Zoologischer Garten를 경유하는 함부르크행 인터레기오 179번 열차가 들어오고 있습니다. 예정된 출발 시간은 11시 20분입니다. 1등석은 A섹션에 위치해 있습니다. 식당칸은 B섹션입니다. 자전거칸은 E섹션에 있습니다. 열차가 들어오고 있으니 주의하시기 바랍니다. Stralsund로 가시는 승객 여러분께 한 가지 중요한 정보를 안내해 드립니다. 14시 10분에 출발하는 인터씨티 열차는 운행상 차질이 생겨 결항되었습니다. 다음 연결편은 18시 15분에 2번 승강장에서 탑승하실 수 있는 인터씨티편입니다. 양해해 주셔서 감사합니다.

문제 9

독일 동부의 날씨가 나아질 것이다.

　　◉ 그렇다　　　　　　　◉ 아니다

문제 10

예보에 따르면

　　a　　　　　엘베 지역에 천둥 번개

　　b　　　　　기온 11도 이하

　　c　　　　　서부에 폭우

Nr. 5

당신은 라디오에서 일기예보를 듣고 있습니다.

오늘의 날씨를 알려드리겠습니다: 지난 며칠 간 비가 많이 내렸는데요, 오늘은 구름이 많이 끼기는 했지만 비는 없겠습니다. 기온은 5도에서 7도 사이가 되겠습니다. 내일부터는 가끔 해가 나기도 하겠습니다. 내일 기온은 9도에서 11도 사이가 되겠습니다.

---

das Einzige	하나, 유일한
umsteigen	(차를) 갈아타다
kosten	~의 값이다
unterwegs sein	도중이다, 집 밖이다
r. Termin	약속
zurückrufen	응답하다
verschieben	연기하다
Bescheid geben	연락을 주다
anbieten	제안하다
in Teilen von ...	구역, 부분
gesperrt werden	봉쇄되다
stattfinden	개최되다
r. Stau	교통 체증
e. Radrennveranstaltung	자전거 경주
rechnen mit Dat.	예상하다
s. Gleis	레일
fällt ... aus	취소되다
planmäßig	계획대로의
e. Betriebsstörung	운전 고장
e. Abfahrt	출발
die nächstmögliche Verbindung	다음 열차
starker Regen	폭우
Temperaturen liegen	~도(℃) 이다
viele Wolken	구름이 많이 낀
sich die Sonne zeigen	햇빛이 비추다
trocken	건조한, 마른, 수분이 없는

듣기 파트 2 유형

Hören Teil 2 영역에서는 한 사람이 말하는 강연, 설명 또는 가이드 투어 등이 나옵니다. 청취자들은 전문가들이 말하는, 주로 전문 직업에 관한 독백을 듣고 중요한 세부 사항을 이해한다는 것을 보여줘야 합니다.

핵심 전략

- 긴 독백 형식의 내용을 듣고 삼지선다형 객관식 문제 5개를 풉니다.

- 텍스트가 길기 때문에 핵심 청취가 중요합니다.

- 전반적인 이해보다는 세부 사항을 이해하는 것이 중요합니다.

기출 토픽

- 긴 독백 형식의 글, 강연, (도시, 박물관) 가이드 투어

- 환영 또는 도시 안내

문제 풀이 전략

- 해당 기업, 박물관 등에 대한 정보를 최대한 파악합니다.

- 이어지는 60초 동안 문제와 선택지를 읽습니다.

Sie hören nun einen Text. Sie hören den Text einmal. Dazu lösen Sie fünf Aufgaben. Markieren Sie bei jeder Aufgabe die richtige Antwort (a, b oder c). Lesen Sie jetzt die Aufgaben 11 bis 15. Dazu haben Sie in der Echtprüfung 60 Sekunden Zeit.

Aufgabe 11

Was willl das Deutsche Historische Museum zeigen?

a Die 2000jährige deutsche Geschichte

b Die Entwicklung der Technik

c Die Geschichte der Himmelsscheibe von Nebra

Aufgabe 12

Man kann im Museum ...

a mit Autos herumfahren.

b Papier herstellen.

c mit Rollstuhl oder Kinderwagen fahren.

Aufgabe 13

Werden die Besucher in alle Abteilungen geführt?

a Ja, wenn die Zeit reicht.

b Ja, in alle.

c nein, nicht in alle.

Aufgabe 14

Die Besucher können sich nach der Führung ...

　　a　einen Geschichtsfilm im Zeughaus anschauen.

　　b　ein Feuerwerk ansehen.

　　c　die Bildausstellung angucken.

Aufgabe 15

Die Museumsführerin empfiehlt den Teilnehmern ...

　　a　die Bootsanlagestellen zu besichtigen.

　　b　einen Besuch im Museumscafe mit gratis Kaffee und Kuchen.

　　c　einen Biergartenbesuch.

Skript

Sie hören vor dem Rundgang im Museum einen Vortrag zur Einführung.

Ich freue mich Sie hier im Deutschen Historischen Museum zu begrüßen und möchte einige Vorabinformationen geben.

Wie sie im Prospekt lesen können, wurde das Museum in den 80er Jahren von der Bundesrepublik gegründet. Das Museumsgebäude wurde 1987 eröffnet und im Laufe der Zeit ergänzt. Nach der Wiedervereinigung wurde es mit dem ostdeutschen Museum für Geschichte zusammengeführt und ist heute eines der wichtigsten gesamtdeutschen Museen in Deutschland.

Mit seinen tausenden Gästen jährlich ist es einers der meist besuchtesten Geschichtsmuseen in Deutschland. Wie der Name schon sagt, beschäftigt sich das deutsche historische Museum mit der 2000-jährigen Geschichte Deutschlands. Auf einer Quadratfläche von 8000m² werden 8000 ausgewählte Exponate gezeigt. Im Museum gibt es viele wechselnde Sonderausstellungen. Momentan gibt es die Ausstellungen „Zur Revolution 1917-Russland und Europa", „die Erfindung der Pressefotografie" und eine „Bilderausstellung von Albrecht Dürer".

Das Besondere an unserem Museum ist, dass alle Ausstellungen mit Rollstuhl und Kinderwagen befahrbar sind. Um in eine andere Ausstellungshalle zu kommen, nutzen Sie dafür einfach den rollstuhlgerechten Fahrstuhl.

Auf unserer 2-stündigen Runde können wir leider nicht alle Ausstellungen besichtigen. Sie werden auf dem Rundgang Folgendes sehen. Zuerst bekommen sie das barocke Zeughaus zu sehen. Danach die moderne Ausstellungshalle mit seiner einmaligen Architektur und zum Schluss gehen wir ins berühmte Zeughauskino, wo sie sich einen Geschichtsfilm anschauen.

Nach meiner Führung haben sie Zeit bis zur Schließung in andere Ausstellungen zu gehen, die Sie interessieren. Am Ende empfehle ich Ihnen unser Museumscafé zu besuchen, wo sie gratis einen Kaffee und einen Kuchen bekommen. Das sollten Sie sich nicht entgehen lassen.

Gut, dann. Würden Sie mir jetzt bitte folgen...

이제 하나의 지문을 단 한 번만 들려 드립니다. 이를 바탕으로 5개의 문제를 풀어야 합니다.
각 문제의 정답(a, b 혹은 c)을 선택하십시오.

지금 바로 11번부터 15번까지의 문제를 읽어 보십시오.
실제 시험에서는 60초의 시간이 주어집니다.

문제 11

독일 역사 박물관이 보여주고자 하는 것은 무엇입니까?

- a   2000년의 독일 역사
- b   기술 발전
- c   네브라의 천체원반도

문제 12

박물관에서 우리는 ...

- a   자동차를 타고 돌아다닐 수 있다.
- b   종이를 생산할 수 있다.
- c   휠체어나 유모차를 이용할 수 있다.

문제 13

관람객은 모든 부서를 방문할 수 있습니까?

- a   예, 시간이 허락하는 한 가능합니다.
- b   예, 모든 부서를 방문할 수 있습니다.
- c   아니요, 모든 부서를 방문할 수는 없습니다.

문제 14

관람객은 투어 이후 ...

- a   초이그하우스에서 시대물을 관람할 수 있다.
- b   불꽃놀이를 볼 수 있다.
- c   그림 전시회를 더 관람할 수 있다.

문제 15

박물관 가이드가 참가자들에게 권하는 것은 ...

- a   배를 정박하던 자리를 구경하는 것이다.
- b   무료로 제공되는 커피와 케이크가 있는 박물관 카페를 방문하는 것이다.
- c   비어가든을 방문하는 것이다.

스크립트

당신은 박물관에서 가이드 투어를 받기 전, 안내를 듣고 있습니다.

여러분들께 이곳 독일 역사 박물관에서 인사를 드리게 되어 기쁩니다. 이제 몇몇 사전 정보를 드리고자 합니다.

여러분들께서 안내 책자에서 읽어 보실 수 있는 바와 같이, 이 박물관은 1980년대에 독일 연방 공화국에 의해 설립되었습니다. 박물관 건물은 1987년에 개관되었고, 이후 점점 더 보완되어 왔습니다. 독일 통일 이후 동독 역사 박물관과 통합되어 지금은 전 독일에서 가장 중요한 박물관 중 하나가 되었습니다.

이곳은 해마다 수천명의 관람객이 다녀가는, 가장 관람객이 많은 박물관들 가운데 하나입니다. 박물관의 이름이 말해 주듯이, 이곳 독일 역사 박물관은 독일의 2,000년의 역사를 다루고 있습니다. 8,000 제곱미터 규모의 공간에 8,000 점의 엄선된 전시품을 전시하고 있습니다. 박물관에는 매번 달라지는 수많은 특별 전시회가 있습니다. 현재는 "1917년 러시아와 유럽 혁명에 관하여", "프레스 사진의 발명" 그리고 "알브레히트 뒤러의 회화전"이 전시 중입니다.

저희 박물관은 모든 전시회를 휠체어와 유모차를 타고도 관람이 가능하다는 특징이 있습니다. 다른 전시관으로 이동하고자 하시는 경우, 휠체어를 타고도 이용 가능한 엘리베이터를 이용하시기 바랍니다.

우리는 2시간의 관람 시간 동안 안타깝게도 모든 전시회를 다 볼 수는 없습니다. 이번 투어에서 다음과 같은 전시회를 보실 수 있습니다. 먼저 바로크 양식의 초이그 하우스를 보시게 됩니다. 그 다음으로 현대 전시관에서 전례없는 건축양식들을 관람하게 되고, 끝으로 우리는 한편의 시대물을 보게 될 유명한 초이그 극장으로 갑니다.

제 가이드가 끝난 후에 마감 시간까지 여러분들은 관심을 가지고 계신 다른 전시회들을 보러 가실 수 있습니다. 마지막에는 무료로 커피와 케익을 제공 받을 수 있는 저희 박물관 카페에 가 보실 것을 추천합니다. 이 또한 놓쳐서는 안 되는 일이죠.

좋습니다. 자, 그러면 이제 저를 따라 오시겠습니까?

s. Prospekt	안내서
ergänzen	보충하다
gründen	건설하다
e. Wiedervereinigung	통일
eröffnen	개업하다
ostdeutsch	동독의
begrüßen	인사하다, 환영하다
e. Ausstellung	전시
e. Vorabinformation	사전 정보
rollstuhlgerecht	휠체어에 적합한
sich beschäftigen mit Dat.	(무엇에) 전념하다
r. Fahrstuhl	환자용 엘리베이터, 휠체어
s. Besondere	특별한 점
barock	바로크 양식의
befahrbar sein	통행할 수 있는
sich etw. anschauen	(영화 따위)를 보다
nutzen	이용하다
...stündig	…시간 걸리는
gratis	무료로, 거저
besichtigen	구경하다
entgehen	잃다, 놓치다
r. Rundgang	둘러봄
Zeit haben	시간이 있다
e. Schließung	종결, 마감
sich interessieren für Akk.	～에 관심을 가지다

듣기 파트 3 유형

Hören Teil 3에서는 두 사람이 나누는 일상의 대화 내용을 듣게 됩니다.
일상 생활과 연관된 대화, 대화자들이 진행하는 행사, 함께 겪는 일상의 에피소드
(생일 파티 등)와 같은 내용들이 나옵니다. 두 사람은 친구 사이일 수도 있지만
서로를 모르는 사이일 수도 있습니다. 예를 들어 우연히 버스정류장에서 만난
사람들의 대화 같은 경우도 출제됩니다.

핵심 전략

- 두 사람의 대화 내용을 듣고 7개의 답을 고릅니다.

- 각 사람의 주된 의견, 상황, 및 주장을 파악합니다.

- 전반적인 이해보다는 세부 사항을 이해하는 것이 중요합니다.

기출 토픽

- 일상생활과 연관된 내용의 대화

문제 풀이 전략

- 대화는 한 번 듣게 됩니다.

- 이어지는 60초 동안 문제와 선택지를 읽습니다.

Sie hören nun ein Gespräch. Sie hören das Gespräch einmal. Dazu lösen Sie
sieben Aufgaben. Markieren Sie bei jeder Aufgabe die richtige Antwort (Richtig
oder Falsch). Lesen Sie jetzt die Aufgaben 16 bis 22. Dazu haben Sie in der
Echtprüfung 60 Sekunden Zeit.

Aufgabe 16

Michael hat sein Studium erfolgreich abgeschlossen.

○ Richtig   ○ Falsch

Aufgabe 17

Michael mochte in der Schule kein Mathe.

○ Richtig   ○ Falsch

Aufgabe 18

Michael studiert jetzt Betriebswirtschaftlehre.

○ Richtig   ○ Falsch

Aufgabe 19

Michael lernt Mathe in einer Gruppe von Arbeitskollegen.

○ Richtig   ○ Falsch

Aufgabe 20

Anna macht eine Ausbildung in einer Autowerkstatt.

○ Richtig   ○ Falsch

Aufgabe 21

Die Arbeit in der Werkstatt kann im Winter ungemütlich werden.

○ Richtig   ○ Falsch

Aufgabe 22

Anna denkt, es sollten mehr Frauen in der Werkstatt arbeiten.

○ Richtig   ○ Falsch

Skript

Sie sitzen im Zug und hören wie sich zwei Freunde über das Studium unterhalten.

A. Hey, hallo Anna!

B. Hallo Michael, wie geht`s?

A. Gut und dir? Lange nicht gesehen.

B. Wie geht es dir denn so? Ich habe gehört, du studierst nicht mehr?

A. Nein, das stimmt nicht. Es ist eine lange Geschichte. Ich habe Deutsch und Englisch studiert. Aber das war nicht das Richtige für mich. Im 3. Semester habe ich mich dann entschieden meinen Studiengang zu wechseln.

B. Und was hast du dann gemacht?

A. Ich habe einen Freund, der studiert Wirtschaft und der hat mir sehr viel Gutes über seinen Studiengang Betriebswirtschaftslehre erzählt. Außerdem hat man dann viel bessere Jobchancen nach dem Studium. Daher habe ich mich entschieden Betriebswirtschaftslehre zu studieren.

B. Wirklich? Das hätte ich nie gedacht. Du magst doch eigentlich kein Mathe, oder?

A. Ja, das ist richtig. Aber in der Schule habe ich keinen Sinn gesehen für Mathe zu lernen. Und jetzt in meinem neuen Studium sehe ich, warum Mathe so wichtig ist. Also habe ich angefangen, Nachhilfeunterricht in Mathe zu nehmen.

B. Hm, du bist ja fleißig. Ist der Nachhilfeunterricht nicht teuer? Bei wem nimmst du denn Nachhilfeunterricht?

A. Ja, das ist so. Es gibt in meinem Studium so einige Studenten, die so wie ich nicht so gut in Mathe sind, daher haben sich Lerngruppen gebildet, die einen Mathetutor engagieren, der einem dann in der Gruppe hilft. Somit ist die Bezahlung nicht mehr so teuer wie beim Einzelunterricht, weil man sich das Geld mit anderen Studenten teilen kann. Einzelunterricht kann ich mir als Student nicht leisten.

B. Das finde ich toll. Du bist so ambitioniert. Weißt du denn schon, was du nach deinem Studium machen willst?

A. Ja, am besten in einer Firma arbeiten. Ich habe so lange als Freiberufler gearbeitet. Ich will endlich richtiges Geld verdienen. Mit einem Betriebswirtschaftstudium hat man je nach Unternehmen gute Chancen viel Geld zu verdienen. Aber erzähl doch mal von dir? Was hast du die letzte Zeit so gemacht? Hast du studiert oder eine Ausbildung gemacht?

B. Ich habe eine Lehre bei einem Bekannten in seiner Firma angefangen und arbeite in der Werkstatt.

A. Wirklich? Erzähl mir mehr davon.

B. Das ist eine tolle Autowerkstatt, wo sie alles reparieren. Von Fahrrädern bis zu Porsche. Es ist alles mit dabei. Es macht mir wirklich Spaß.

A. Stimmt, du hast dich in der Schule schon immer für Autos interessiert.

B. Ja, ich hatte solches Glück, dass die mich genommen haben.

A. Willst du denn für immer in der Werkstatt arbeiten? Meinst du nicht, dass es irgendwann körperlich anstrengend für dich werden könnte?

B. Ja, daran habe ich schon gedacht. Wenn die Tage kälter werden, kann es bestimmt unangenehm in der Werkstatt werden. Für diesen Fall habe ich auch schon einen Plan B. Mein Meister hat mir das Angebot gemacht, dass ich nach meiner Grundausbildung eine Weiterbildung machen kann. Danach kann ich auch in der Personalabteilung arbeiten. Das ist dann einfach nur Büroarbeit.

A. Echt, da hast du aber einen wirklich super Arbeitgeber gefunden.

B. Genau! Wenn alles so gut läuft und mir in den nächsten Jahren das Reparieren von Autos weiter Spaß macht, kann ich mich später auch selbstständig machen und meine eigene Werkstatt eröffnen.

A. Das ist eine gute Idee. Ich werde dann ganz bestimmt vorbeikommen und mein Auto von dir reparieren lassen.

B. Ja, mach das. Ich würde mich auf jeden Fall freuen. Es gibt so wenig Frauen in dem Beruf. Viele denken Werkstätten sind nur Männersache. Wenn es mehr Frauen in dem Beruf gäbe, müssten sich nicht immer die Männer, um das Auto kümmern.

A. Da hast du Recht.

B. Du, ich muss mal, meld dich einfach.

A. Mach's gut. Wir sehen uns.

당신은 이제 하나의 대화를 듣게 됩니다. 대화는 한 번만 들려 드립니다.
그리고 7개의 문제를 풀어야 합니다. 각 문제의 정답(그렇다 또는 아니다)에 표시하십시오.
이제 16에서 22번 문제를 읽으십시오. 실제 시험에서는 60초의 시간이 주어집니다.

문제 16

미하엘은 졸업을 했다.

    ◎ 그렇다   ◎ 아니다

문제 17

미하엘은 학교 다닐 때 수학을 싫어했다.

    ◎ 그렇다   ◎ 아니다

문제 18

미하엘은 지금 경영학을 전공한다.

    ◎ 그렇다   ◎ 아니다

문제 19

미하엘은 직장 동료들이랑 수학을 공부하고 있다.

    ◎ 그렇다   ◎ 아니다

문제 20

안나는 자동차 수리점에서 직업교육을 받고 있다.

    ◎ 그렇다   ◎ 아니다

문제 21

겨울에는 작업장에서 일하는 것이 고될 수 있다.

    ◎ 그렇다   ◎ 아니다

문제 21

안나는 더 많은 여성들이 수리점에서 일해야 한다고 생각한다.

◎ 그렇다   ◎ 아니다

스크립트

당신은 기차에 앉아서 두 명의 친구들이 대학 생활에 대해 이야기하는 것을 듣고 있습니다.

A. 안녕, 안나!

B. 안녕 미하엘. 어떻게 지내?

A. 잘 지내. 너는? 오랜만이야.

B. 도대체 어떻게 지내는 거야? 너 대학 공부 그만두었다며?

A. 아니야. 그렇지 않아. 이야기 하자면 좀 길어. 난 독일어랑 영어를 전공했잖아. 그런데 이게 나하고는 잘 맞지 않더라고. 그래서 3학기에 전공을 바꾸기로 한 거지.

B. 그래서 어떻게 했는데?

A. 경영 계열을 전공하는 친구가 하나 있는데, 이 친구가 자기가 다니는 경영학과의 수많은 장점에 대해서 설명해 줬어. 뿐만 아니라 이 전공을 마치고 나면 더 나은 직업을 가질 수 있는 가능성이 있다고 해. 그래서 결정했지. 경영학을 공부하기로 말이야.

B. 정말? 전혀 생각지도 못한 일이네. 너 원래 수학 싫어하지 않았니?

A. 맞아. 그런데 학교 다닐 때는 수학을 왜 배우는지 그 이유를 몰랐던 것이지. 지금은 새로운 전공 과정에서 왜 수학이 중요한지 발견하게 되었어. 그리고 수학 과외도 받기 시작했지.

B. 흠. 너 정말 부지런하구나. 과외는 비싸지 않니? 누구한테 과외를 받는 거야?

A. 응 과외는 비싸지. 우리 학과에는 나처럼 수학을 잘 하지 못하는 학생들이 좀 있어서, 도와 주실 수학 선생님을 초빙해서 스터디 그룹을 만들었어. 그래서 다른 학생들과 금액을 나눠서 부담하기 때문에, 개인교습처럼 그렇게 비싸지 않아. 개인교습은 나 같은 학생들은 감당할 수가 없거든.

B. 멋지다. 정말 열심히 하는구나. 그럼 졸업 후에는 무엇을 할지도 정했어?

A. 응, 가장 좋은 건 회사에 취직하는 것이겠지. 나는 꽤 오랫동안 프리랜서로 일을 했어. 나는 이제 제대로 돈을 좀 벌고 싶어. 경영학을 공부하면 회사에 따라서는 많은 돈을 벌 수 있는 기회가 주어지기도 한대. 그건 그렇고, 너에 대해서도 좀 이야기를 해 줘. 그 동안 뭐 하면서 지냈어? 대학교를 다녔니 아니면 직업 교육을 받았니?

B. 나는 아는 분 회사에서 견습생 생활을 시작했었고, 지금은 수리점에서 일해.

A. 정말? 자세하게 좀 얘기해 줘.

B. 그곳은 아주 근사한 자동차 수리점이야. 자전거부터 포르쉐까지 무엇이든 다 고칠 수 있어. 모든 걸 다 갖추고 있지. 나는 정말 재미있게 일하고 있어.

A. 맞아. 너 학교 다닐 때에도 항상 자동차에 관심 많았잖아.

B. 응, 그리고 내가 채용 되는 행운을 얻었지.

A. 그러면 그 수리점에서 계속 일할 생각이야? 언젠가는 일하기에 육체적으로 너무 고될 거라고 생각하지 않아?

B. 응. 그 생각도 이미 했어. 날씨가 추워지면 분명 수리점에 있기가 힘들어질 수 있겠지. 이런 경우를 대비 해서 한 가지 대책을 가지고 있어. 마이스터 선생님께서 기본 교육을 마치고 나서 추가적인 교육 과정을 밟아 보라고 제안 하셨거든. 그 뒤에 인사과에서도 일할 수 있을 거야. 그러면 사무실에서 편하게 일할 수 있지.

A. 정말 훌륭한 고용주를 만났구나.

B. 맞아. 일이 다 잘 풀리고 앞으로도 자동차 수리가 재미있게 느껴지면, 독립해서 내가 직접 수리점을 열 수도 있어.

A. 멋진 생각이야. 그러면 난 무조건 너한테 차 수리를 맡기러 갈게.

B. 그래, 그렇게 해. 난 정말 기분이 좋을 거야. 이 직업군에는 여성들이 너무 적어. 많은 사람들은 자동차 수리점 일은 남자들의 일이라고 생각하지. 이 직업군에 여성들이 더 많았더라면, 자동차를 손보는 일을 꼭 남자들이 아니어도 할 수 있었을 텐데 말이야.

A. 맞아.

B. 나 이제 가야 해. 연락해.

A. 잘 가. 또 보자.

lange nicht mehr gesehen	오랜만에 보다/만나다
Das ist eine lange Geschichte	긴 이야기다
nicht das Richtige sein für Akk.	～와 안 맞다
viel Gutes erzählen	좋은 이야기를 많이 해 주다, 좋게 얘기하다
keinen Sinn sehen in etw.	～에 의미를 못 찾는다
e. Lerngruppe	스터디 그룹
r. Mathetutor	수학 선생님, 지도자(보통 과외식으로 진행 하는 수업, 선생님이 공부를 잘하는 학생일 수도 있다.)
engagieren	고용하다
etwas ist wichtig	중요하다
nicht mehr so teuer sein	값이 그렇게 비싸지 않다
nach dem Studium	공부 끝나고
als Freiberufler arbeiten	프리랜서로 일을 하다
in einer Firma arbeiten	회사에서 일하다
etw. in letzter Zeit machen	～하고 지내다
eine Lehre/Ausbildung machen	직업 교육을 받다
gute Chancen haben	좋은 기회다
sich schon immer für etwas interessieren	～관심 있다
Glück haben	운이 좋다
jm. wirklich Spaß machen	～재미 있다
unangenehm sein/werden	불편하다
ein Angebot machen	좋은 제안을 하나 하다
sich selbstständig machen/sein	사업을 시작하다/사업을 하다
Männersache sein	남자만 하는 일이다
jn. Recht haben	누구의 말이 맞다

Hören Teil 4 영역에서는 두 명 이상이 참가하는 라디오 대담을 듣게 됩니다. 라디오 대담을 듣고 누가 무엇을 말했는지 선택하는 영역입니다. 문제를 미리 읽고 또 주제를 잘 파악한 후 어떤 내용을 듣게 될지 예상하는 것이 매우 중요합니다.

핵심 전략

- 토론 내용을 듣고, 세 사람의 입장 및 상황을 파악합니다.
- 1차 재생을 들으며 한 사람의 의견이 끝날 때마다 1차로 선택합니다.
- 2차 재생을 들으며 누구의 의견인지 고르고 답안지에 표기합니다.

기출 토픽

- 라디오 대담
- 일상 생활과 연관된 테마
- 특정 분야 및 사회 문제

문제 풀이 전략

- 토론 내용을 듣고 문제를 풀이합니다.
- 대화는 두 번 재생됩니다.
- 이어지는 60초 동안 문제를 읽으며 선별적으로 취합해야 하는 정보를 파악합니다.

Sie hören nun eine Diskussion im Radio. Sie hören die Diskussion zweimal. Dazu lösen Sie acht Aufgaben. Ordnen Sie die Aussagen zu: Wer sagt was? Markieren Sie dazu bei jeder Aufgabe die richtige Antwort (a, b oder c). Lesen Sie jetzt die Aufgaben 23 bis 30. Dazu haben Sie in der Echtprüfung 60 Sekunden Zeit.

Beispiel 0

Biolebensmittel sind nicht gesund.

a Moderator   b Christiane Danke   c Markus Schmidt   Lösung: b

---

Aufgabe 23

Gemüse aus dem Garten schmecken besser als Bioprodukte.

a Moderator   b Christiane Danke   c Markus Schmidt

Aufgabe 24

Bio ist eine Marketingidee, um höhere Preise durchzusetzen.

a Moderator   b Christiane Danke   c Markus Schmidt

Aufgabe 25

Menschen, die ungesund leben, essen zu viel Fleisch und Süßes.

a Moderator   b Christiane Danke   c Markus Schmidt

Aufgabe 26

Biologischer Anbau schadet der Umwelt.

a Moderator   b Christiane Danke   c Markus Schmidt

Aufgabe 27

Mit Gentechnik können Lebensmittel in Massen hergestellt werden.

a Moderator   b Christiane Danke   c Markus Schmidt

Aufgabe 28

Gentechnik steckt in vielen Lebensmitteln.

a Moderator   b Christiane Danke   c Markus Schmidt

Aufgabe 29

Man kauft besser bei einem Händler des Vertrauens.

a Moderator   b Christiane Danke   c Markus Schmidt

Aufgabe 30

Wer Bioprodukte kauft fühlt sich sicherer.

a Moderator   b Christiane Danke   c Markus Schmidt

Skript

In der Radiosendung Deutschlandfunk am Morgen diskutiert der Moderator mit 2 Hörern über das Thema: Bio oder nicht - Das ist die Frage.

A. Liebe Hörerinnen und Hörer, ich heiße Sie herzlich wilkommen zu unserer Diskussionssendung Deutschlandfunk am Morgen mit dem Thema: Bio oder nicht- Das ist die Frage. Dazu habe ich zwei Studiogäste eingeladen. Christiane Danke, Lebensmitteltechnologin und Markus Schmidt Innenarchitekt und Genussmensch. Frau Danke, Sie essen ausschließlich Bioprodukte. Können Sie uns erklären, warum?

B. Aus beruflichen Gründen. In meinem Beruf bin ich täglich in Kontakt mit Lebensmitteln, dabei sehe ich oft Dinge, die der Allgemeinverbraucher nicht sieht. Daher habe ich mich sehr früh entschieden, bewusst nur Bioprodukte zu kaufen.

A. Herr Schmidt, sind Sie nicht einer Meinung?

C. Nein, natürlich nicht. Bio ist ein Luxusthema, dem sich Menschen widmen, die sich ohnehin bereits gesund ernähren oder sich wichtig tun wollen. Das geht bis hin zu Bio-Zigaretten. Stirbt sich's damit gesünder? Bio entscheidet nicht über die Gesundheit eines Menschen.

B. Nahezu alles konventionelle Obst und Gemüse ist mit Pestiziden belastet und Bio nicht. Wer sich ein Leben lang von giftigen Lebensmitteln ernährt, der wird sein Leben wie die Biene früher beenden müssen. Auch wenn Bio keine Lebensversicherung ist, es hilft der Gesundheit.

A. Im Sommer habe ich bei einer Freundin einen Tomatensalat gegessen, aus vier Tomatensorten aus dem eigenen Garten. Es war wunderbar: Viermal deutlich unterschiedlicher Geschmack. Es waren bis auf eine lauter alte Sorten, die man vermutlich kaum in einem Geschäft kaufen kann.

C. Es ist weniger der Geschmack sondern eher die Idee, die dahinter steckt. Viele denken mit Bio kann man nichts falsch machen. Ich denke eher, es ist eine Marketingstrategie. Man kann sich mit Bioprodukten ebenso schlecht ernähren, wie man sich mit konventionellen Produkten ernähren kann.

A. Ich denke einen Zusammenhang zwischen gesunder Ernährung und Bio gibt es schon.

C. Das mag sein. Aber muss man wirklich nur Bio essen? Die meisten Menschen werden dick und krank, weil sie zu viel Fleisch und Süßigkeiten essen. Es ist nicht die Frage, ob wir Bio essen oder nicht. Wir sollten damit anfangen, gesund zu essen.

A. Ein Nachteil von Bioprodukten sei die zunehmende Verseuchung des Bodens.

C. Der Bio Anbau hat in den vergangenen 50 Jahren einen enormen Schaden angerichet. Wir sollten einen würdevolleren Umgang mit den Pflanzen und Tieren suchen, die im Einklang mit der Natur stehen. Das kann man mit einem biologischen Anbau nicht vereinbaren.

B. Also sollte man kein Bio essen und stattdessen gentechnisch veränderten Mais? <u>Für den Verbraucher spielt oft der Preis eine wichtige Rolle beim Kauf von Lebensmitteln.</u> Das Problem ist, dass die gentechnisch veränderten Lebensmittel in Massen hergestellt werden können. Das kann nicht gesund sein.

A. Nun ja, dann kann man ja Gentechnik weglassen. Konventionelle Produkte sind nicht immer davon betroffen?

B. Im Idealfall schon. <u>Aber so genau, kann man leider nie wissen, wieviel Gentechnik im Apfel, in der Tomate oder in der Kartoffel steckt.</u>

C. <u>Das ist bei einem Einkaufshändler Ihres Vertrauens kein Problem.</u> Wenn der gewissenhaft einkauft, kann man vieles im Vorfeld ausschließen.

A. Es kommt also auf den Händler an!

B. Ja, das denke ich auch. Ich denke, wenn man konventionelle Produkte hat, die nicht gentechnisch verändert sind, dann wäre es schon eine Überlegung wert. <u>Aber im Endeffekt fühlt man sich mit einem Biosiegel sicherer.</u>

C. Viele achten nicht auf die Gesundheit. Wenn man sich einfach besser ernähren würde, kann man also gesund leben.

A. Gut, ich bedanke mich für Ihre Beiträge und verabschiede mich bei unseren Hörerinnen und Hörern.

당신은 이제 하나의 라디오 토론을 듣게 됩니다. 토론은 두 번 들려 드립니다.
그리고 9개의 문제를 풀어야 합니다. 누가 무엇을 말했는지 고르세요.
각 문제의 정답(a, b, c)에 표시하세요.
이제 23에서 30번 문제를 읽으세요. 실제 시험에서는 60초의 시간이 주어집니다.

보기 0 유기농 제품은 건강에 좋지 않다.

    a 진행자   b Christiane Danke   c Markus Schmidt

문제 23 텃밭에서 재배한 채소가 유기농 제품보다 더 맛이 좋다.

문제 24 유기농 인증은 가격을 올리기 위한 마케팅 수법일 뿐이다.

문제 25 건강하지 않은 사람들은 고기와 단것을 너무 많이 먹는다.

문제 26 생물학적 방법으로 농작물을 재배하는 것이 환경에 해롭다.

문제 27 유전자조작 방법을 통해 식료품을 대량으로 생산할 수 있다.

문제 28 많은 제품의 상당수가 유전자조작된 식품이다.

문제 29 제품 구입 시 믿을 수 있는 가게에서 구매하는 것이 좋다.

문제 30 유기농 제품을 사는 사람은 안전하다고 느낀다.

스크립트

독일 라디오 방송 토론 프로그램에서 진행자가 2명의 청취자와 함께 다음의 주제 〈유기농이냐 아니냐, 그것이 문제로다〉에 대해 이야기를 나누고 있습니다.

A. 청취자 여러분, 오늘 '유기농이냐 아니냐, 그것이 문제로다'라는 주제로 토론을 벌이게 될 저희 토론 프로그램 '아침의 독일 방송'에 오신 것을 진심으로 환영합니다. 이 자리에 두 분의 손님을 모셨습니다. 식품 전문가 크리스티아네 당케 씨와 실내건축가이자 미식가이신 마르쿠스 슈미트 씨입니다. 당케 씨, 당케 씨께서는 오로지 유기농 제품만 드십니다. 혹시 그 이유에 대해서 설명해 주실 수 있을까요?

B. 직업적인 이유에서입니다. 저는 제 직업상 매일 식료품들을 다루는데, 이 과정에서 일반 소비자들은 보지 못하는 것들을 보곤 합니다. 그래서 저는 일찌감치 마음을 먹었습니다. 의식적으로 유기농 제품만 구입하기로 말입니다.

A. 슈미트 씨, 슈미트 씨께서는 이에 동의하지 않으시지요?

C. 네, 동연히 동의하지 않습니다. 유기농 제품은 안 그래도 이미 건강한 식생활을 하고 있는 사람들 혹은 우쭐대려고 하는 사람들이 몰두하고 있는 사치스러운 일에 불과합니다. 유기농 담배까지 있을 지경이지요. 유기농 담배를 피우면 더 건강하게 죽는답니까? 유기농 제품이 인간의 건강을 좌지우지하는 것은 아닙니다.

B. 기존의 방식으로 재배된 거의 모든 과일과 채소는 살충제로 범벅이 되어 있고, 유기농 제품은 그렇지 않습니다. 평생 그런 오염된 식료품을 먹고 산다면 벌처럼 단명하게 될 것이 분명합니다. 유기농 제품이 생명보험은 아니지만, 건강을 돕는 것은 사실입니다.

A. 여름에 한 친구 집에서 자신의 텃밭에서 직접 재배한 네 종류의'토마토로 만든 샐러드를 먹었습니다. 정말 맛있더군요. 아주 확실히 다른 맛이었어요. 일반 가게에서는 거의 구할 수 없을 것으로 보이는 아주 오래된 품종도 있었습니다.

C. 중요한 것은 맛이라기보다 그 뒤에 숨겨진 생각입니다. 많은 사람들이 유기농 제품을 먹으면 잘못될 리 없다고 생각합니다. 그러나 저는 이것이 오히려 마케팅 전략에 가깝다고 생각합니다. 기존의 일반적인 제품을 섭취할 때와 마찬가지로 유기농 제품도 잘못 섭취할 수 있다는 말입니다.

A. 저는 건강한 식생활과 유기농 제품 간에는 밀접한 관계가 있다고 생각합니다.

C. 그럴지도 모르지요. 그러나 정말 유기농 제품만 먹어야 할까요? 대부분의 사람들은 육류와 단 것을 너무 많이 먹기 때문에 뚱뚱해지고 병이 나는 겁니다. 우리가 유기농 제품을 먹느냐 그렇지 않느냐의 문제가 아닙니다. 우리는 건강하게 먹는 것부터 시작해야 합니다.

A. 사람들은 유기농 제품의 단점으로 점점 토양을 오염시키고 있다는 점을 지목하고 있습니다.

C. 유기농 재배는 지난 50년간 엄청난 피해를 가져왔습니다. 우리는 자연과 조화를 이루면서 동식물 친화적인 방법을 마련해야 합니다. 이는 유기농 재배와는 합치되지 않는 것입니다.

B. 그러면 유기농 제품 대신에 유전자 변형 옥수수를 먹으라는 말인가요? 소비자의 입장에서 제품 가격이 식료품을 구매할 때 중요한 역할을 하는 경우가 많습니다. 그런데 문제는, 유전자 변형 식료품들은 대량으로 생산될 수 있다는 것이죠. 그리고 이런 제품들은 건강할 리 없고요.

A. 뭐 그렇다면, 유전자 조작 이야기는 빼도록 하죠. 기존의 일반적인 제품들이 다 그에 해당하는 것은 아니지 않습니까?

B. 이상적인 경우라면 그럴 수 있겠죠. 그러나 안타깝게도 사과나 토마토 혹은 감자 등에 얼마나 많은 유전자 변형 기술이 가미되었는지 전혀 알 길이 없습니다.

C. 믿을 만한 판매상과 거래한다면 문제가 없을 것입니다. 그 사람이 양심적으로 물건을 구매해 온다면, 많은 우려들이 초기에 예방될 수 있습니다.

A. 그러니까 결국 유통상인에게 달려 있는 문제라는 말이군요!

B. 예, 저도 그렇게 생각합니다. 유전자 변형을 가하지 않은 기존의 일반 제품이 있다면, 고려해 볼 만하겠죠. 그러나 결국에는 유기농 인증 마크가 붙어 있는 제품을 선택해야 더 안심할 수 있습니다.

C. 많은 사람들이 건강에 신경을 쓰지 않습니다. 식습관만 개선해도 건강하게 살 수 있는데 말입니다.

A. 좋습니다. 참여해 주신 두 분께 감사 드리며, 청취자 여러분들께는 여기서 이만 인사를 드리겠습니다.

r. Lebensmitteltechnologe/in	식품과학기술자
e. Lebensmittel(Pl.)	양식, 식료(품)
r. Innenarchitekt/in	인테리어 디자이너
r. Allgemeinverbraucher	일반 소비자
r. Genussmensch	향락주의자, 미식가
konventionelles Obst	일반 과일
s. Bioprodukt	유기농 식품
s. Pestizid	살충제
s. Luxusthema	불필요한 주제
e. Lebensversicherung	생명보험
sich etw. widmen	전념하다
konventionell	관습적인, 일반(유기농 아닌)
e. Sorte	종류
vermutlich	짐작컨대
Die Idee, die dahinter steckt!	생각이 중요하다!
mit ... nichts falsch machen.	~좋은 선택을 했다고 믿는다
einen Zusammenhang geben zwischen Akk.	~연관성 있다
e. Süßigkeit, -en	단것, 단 과자류
dick/krank werden	뚱뚱해지다/병이 나다
ein Nachteil sein von Dat.	손해를 끼치다
in Einklang stehen mit Dat.	조화시키다
der biologische Anbau	유기농 경작, 재배
vereinbaren mit Dat.	일치시키다
einen großen Schaden anrichten	큰 손해를 끼치다
würdevoll	품위있는, 당당한
gentechnisch verändert	유전 공학으로 변질시킨
r. Verbraucher	소비자
eine wichtige Rolle spielen	중요한 역할을 하다
in Massen herstellen	대량으로 생산하다
im Idealfall	가장 이상적인
stecken	들어 있다
...des Vertrauens	신뢰, 신임 가는…
gewissenhaft	양심적인, 성실한
etwas im Vorfeld ausschließen	~앞두고
etw. eine Überlegung wert sein	생각할 만하다
r. Beitrag	기여, 공헌
im Endeffekt	결국에는
r. Biosiegel	유기농 도장/인장
auf die Gesundheit achten	건강을 지키다

작문

MODUL
SCHREIBEN

작문 파트 1 유형

작문 영역은 수험자의 어휘에 대한 이해 능력 및 주어진 키워드를 활용하여 작문을
구성하는 능력을 평가합니다. 편지나 자기소개와 같은 일상생활에 관련된 것을
주제로 간단한 문장을 작성하는 문제가 출제됩니다.

핵심 전략

- 친구에게 편지 쓰기

- 일상생활과 관련된 이메일, 서신 쓰기

- 실제 생활에서 일어날 수 있는 실감나는 대화

문제 풀이 전략

- 지령 및 요구 상황을 읽습니다.

- 글의 유형 글 쓰는 상황이나 목적(주제)을 파악합니다.

- 관련된 어휘를 익혀 두면 지문 내용 파악에 도움이 됩니다.

TIPP! **이 영역은 3개의 과제로 구성됩니다.**

Aufgabe 1, 3: 이메일 쓰기
Aufgabe 2 신문/라디오 온라인 사이트 글 기록하기

Schreiben Teil 1

작문 파트 1 (20분) Schreiben Teil 1 Training

과제	3가지 질문 읽고 이메일 쓰기 주의 사항 텍스트 구문(인사말, 소개, 항목의 순서, 추론)
단어 수	80
시간	20분

실제 B1에서 출제된 예시

Häufige Themen in der Prüfung: Schreiben Aufgabe 1 informelle Email

▷ **Unfall** (von Unfall erzählen, einen Vorschlag machen, Freund besuchen)

▷ **Umzug** (um Hilfe bitten, einen Vorschlag machen)

▷ **Prüfung** (Freund trösten, helfen, einen Vorschlag machen)

▷ **Konzert** (Wie war das Konzert? Vorschlag für nächstes Konzert)

▷ **Abschiedsparty** (Wie war die Party? gemeinsam planen)

▷ **Fahrradausflug** (Wie war der Fahrradausflug? Vorschlag für Treffen)

▷ **Camping** (Wie war der Urlaub? Warum Zelten? Vorschlag für Treffen)

▷ **Klassenreise** (Wie war die Klassereise? Vorschlag für ein Treffen

해석 ◀》 ▷ 사고 (사고 알리기, 제안, 친구 방문)
▷ 이사 (도움 요청, 제안)
▷ 시험 (친구 위로, 도움, 제안)
▷ 콘서트 (콘서트는 어땠는지, 다음 콘서트를 위한 제안)
▷ 작별 파티 (파티는 어땠는지, 함께 계획하기)
▷ 자전거 여행/소풍 (자전거 여행은 어땠는지, 만날 약속하기)
▷ 캠핑 (휴가는 어땠는지, 왜 캠핑을 했는지, 만날 약속하기)
▷ MT (여행은 어땠는지, 만날 약속하기)

문제 파악

Ihre Freundin Yvonne liegt im Krankenhaus, weil sie sich bei einem Unfall den Arm gebrochen hat. Sie haben Yvonne gestern besucht und berichten einem Freund, der Yvonne auch kennt.

- *Beschreiben Sie: Wie geht es ihr?*
- *Begründen Sie: Was braucht sie gerade dringend?*
- *Machen Sie einen Vorschlag für einen gemeinsamen Besuch.*

– Schreiben Sie eine E-Mail (circa 80 Wörter).
– Schreiben Sie etwas zu allen drei Punkten.
– Achten Sie auf den Textaufbau (Anrede, Einleitung, Reihenfolge der Inhaltspunkte, Schluss).

해석 ∙))

당신의 친구 Yvonne(이본)은 사고로 팔이 부러져 병원에 입원했습니다. 그래서 어제 이본에게 병문안을 갔고, 이 소식을 친구에게 전합니다.

- *이 상황을 설명하세요: 이본의 상태는 어떤가요?*
- *이 상황을 설명하세요: 이본에게 당장 필요한 것은 무엇인가요?*
- *같이 병문안을 가자고 제안해 보세요.*

– 메일(약 80 단어)을 작성하시오.
– 세 가지 요구사항을 모두 충족하여 작성합니다.
– 텍스트 구조 (인사말, 소개, 내용 순서, 결론)에 주의하시오.

Übung zu Aufgabe 1-1

• Verfassens eines informellen Briefes 개인적인 이메일 작성하기

Anrede	Lieber, Liebe (이름) 친애하는 (이름) Hallo (이름) 안녕 (이름)
Einleitung	Wie geht es dir? 잘 지냈어? Ich muss dir etwas erzählen. 할 이야기가 있어 Wusstet du, dass 주 + 목 + 동 ~알고 있었니? Habe ich dir schon erzählt, dass.. 주 + 목 + 동 내가~ 말했니?
Haupttext:	질문당 답변 2문장
Schluss	Geb mir Bescheid, ob 주 + 목 + 동 ~알려줘 Sag mir Bescheid, wenn 주 + 목 + 동 ~알려줘 Meld dich(einfach), wenn 주 + 목 + 동 ~하면 연락해 Ruf mich doch an, damit 주 + 목 + 동 ~할 수 있도록 전화로 연락해 줘
Grußformel:	Bis bald 곧 봐 Lieben Gruß 마무리 인사말 Ich warte auf deine Antwort. 답변 기다릴게 Ich drück dich. 너를 안아 준다 (한국어에서는 가까운 사이의 친근함의 표현으로 이해하시면 됩니다.)
Absendername:	dein(e) 이름 ~이가

Aufgabe 1 조건

√ 누구에 관하여 조회하다. 체험을 이야기 하다. 누구랑 만나기로 약속하다.
√ 요구 조건 3개 충족하여 글 작성하기

Schriftlicher Ausdruck: Aufgabe 1-1

Schreiben Sie eine Email.

Schreiben Sie 40-80 Wörter.

Stichpunktzettel

모범답안: Aufgabe 1-1

Informeller Brief(1)

Liebe Sarah,	*Anrede*
wusstest du, dass Yvonne einen Unfall hatte?	*Einleitung*
Als sie mich angerufen hat, bin ich sofort zu ihr ins Krankenhaus gefahren.	*Haupttext*
Zum Glück ist nichts Schlimmes passiert. Sie hat sich einen Arm gebrochen und einen kleinen Schock erlitten, ansonsten geht es ihr gut.	
Leider muss sie für 1 Woche im Krankenhaus bleiben. Das Krankenhausessen schmeckt nicht und ihr ist langweilig. Vielleicht können wir sie zusammen besuchen gehen. Kannst du vielleicht ein Buch oder eine CD mitbringen? Ich habe ihr versprochen, Pommes mitzubringen.	
Meld dich, wenn du das liest.	*Schluss*
Viele Grüße	*Grußformel*
deine Yujin	*Absendername*

해석 ·)))▶

친애하는 사라에게,

사라야, Yvonne이 사고를 당했다는 소식 들었니?
Yvonne의 전화를 받고 즉시 병원에 가 봤어.
다행히 큰일은 없었어. 팔이 부러졌고 약간 충격을 받긴 했는데 지금은 괜찮은 것 같아.
다만, 안타깝게도 일주일 동안은 병원에 있어야 한대.
병원 음식이 맛이 없고 너무 지루하대. 우리 같이 병문안을 가면 좋을 것 같아.
너 혹시 책이나 CD를 가져올 수 있니?
나는 감자튀김을 가져 가겠다고 약속했어.
읽으면 연락 부탁해.

잘 있어
유진이가

문제 파악

Sie haben vor einer Woche Ihren Geburtstag gefeiert. Ein Freund/eine Freundin konnte nicht zu der Party kommen, weil er/sie ein Vorstellungsgespräch hatte.

- *Beschreiben Sie: Wie war die Party?*
- *Begründen Sie: Welches Geschenk hat Ihnen besonders gefallen und warum?*
- *Machen Sie einen Vorschlag für ein Treffen.*

- Schreiben Sie eine E-Mail (circa 80 Wörter).
- Schreiben Sie etwas zu allen drei Punkten.
- Achten Sie auf den Textaufbau (Anrede, Einleitung, Reihenfolge der Inhaltspunkte, Schluss).

해석 ·))▶

일주일 전에 생일파티를 했습니다. 친구가 면접 때문에 파티에 올 수 없었습니다.

- *묘사하기 : 파티는 어땠습니까?*
- *설명하기 : 당신은 어떤 선물을 좋아했으며 그 이유는 무엇입니까?*
- *친구와 약속을 정하세요.*

- 메일(약 80 단어)을 작성하시오.
- 세 가지 요구사항을 모두 충족하여 작성합니다.
- 텍스트 구조 (인사말, 소개, 내용 순서, 결론)에 주의하시오.

Übung zu Aufgabe 1-2

• 묘사하기 : 파티는 어땠습니까?

> gut sein - langweilig sein(Präteritum) 좋다 - 지루하다(단순과거)
> viel Spaß haben - wenig/keinen Spaß haben 재미있다 - 거의/전혀 재미가 없다
> Musik: Die Musik war gut. 음악 : 음악은 좋았다.
>   Ein DJ hat aufgelegt. DJ가 공연했다.
> Essen: Das Essen war gut. 음식: 음식은 좋았다.
>   Wir haben einen Catering-Service bestellt. 우리는 케이터링 서비스로 음식을 주문했다.

• 설명하기 : 당신은 어떤 선물을 좋아했으며 그 이유는 무엇입니까?

> jemandem gefallen 누군가를 마음에 들어 한다
> jemandem nicht gefallen 누군가를 마음에 들어하지 않는다
> viele Geschenke bekommen 많은 선물을 얻다
> ~ bekommen, erhalten, etwas geschenkt bekommen 뭔가를 기증 받다

• 친구와 약속을 정하세요.

> ▷ Hast du heute Abend schon etwas Besonderes vor? 오늘 밤 특별한 계획이 있습니까?
> ▷ Was machst du heute Abend? 오늘 밤 뭐하니?
> ▷ Hast du schon einen Plan für heute Abend? 오늘 밤 계획이 있습니까?
> ▷ Was machst du Samstagabend? 토요일 밤에 뭐하니?
> ▷ Hast du an diesem Wochenende Zeit? 이번 주말에 시간 있어?

> 파티를 평가하는 방법
>
> Die Feier, die Abschiedsparty, der Geburtstag 축하, 송별회, 생일
> .... war gut 좋았다
> .... hat Spaß gemacht 재미있었다
> .... war super 최고였다
> .... war ein großer Erfolg 대단한 성공이었다

Schriftlicher Ausdruck: Aufgabe 1-2

Schreiben Sie eine Email.

Schreiben Sie 40-80 Wörter.

Stichpunktzettel

모범답안: Aufgabe 1-2

Informeller Brief(1)

Lieber Silvia,	*Anrede*
schade, dass du nicht zu meinem Geburtstag kommen konntest. Wir waren fast 20 und es war eine Superstimmung. Wir haben im Garten gegrillt und bis weit nach Mitternacht getanzt. Die Musik war super. Es kam ein Dj und hat aufgelegt. Ich habe viele Geschenke bekommen, aber am besten hat mir das neue Iphone 8 gefallen. Dafür haben alle 20 zusammengelegt. Ist eine super Überraschung. Du weißt doch, das Display meines alten Handys war kaputt.	*Haupttext*
Hast du schon eine Plan für heute Abend? Ich muss dir unbedingt die Fotos zeigen. Komm doch einfach vorbei.	*Schluss*
Ich würde mich freuen.	*Grußformel*
Nina	*Absendername*

해석 ·))▶

친애하는 실비아,
네가 내 생일에 올 수 없어서 정말 아쉬웠어. 총 20명 정도가 왔는데, 우리는 정원에서 바비큐를 했고 자정 지나서 춤을 췄어. 음악이 매우 좋았어.
DJ가 와서 공연도 해줬어.
많은 선물 중에 가장 맘에 들었던 것은 아이폰8이었어. 20명이 함께 돈을 모아서 준비해 줬다고 하더라고. 받고 너무 놀랐어. 너도 잘 알다시피, 내 휴대폰이 오래되어서 액정이 깨졌잖아.
오늘 저녁에 약속 있니? 찍은 사진들을 보여주고 싶은데. 놀러와.
네가 온다면 좋을 것 같아.

니나

작문 파트 2 유형

온라인 사이트 게시판에 내용을 채워야 하는 자유형 문제가 출제됩니다. 다른 과제와 달리 토론을 통해 문제를 해결합니다. 웹사이트의 정보를 파악하여 토론 후 메시지를 작성하세요.

핵심 전략

- 웹사이트의 토론 주제가 출제됩니다.
- 공개 토론에 참여하여 자신의 의견을 작성하는 영역입니다.

기출 토픽

- 온라인 사이트 게시글, 공개 토론

문제 풀이 전략

- 토론 내용이 무엇인지 정확히 파악하고 미리 내용을 구성합니다.
- 무조건 옳은 의견을 내는 것보다 자신의 의견이 전달되어야 합니다.
- 관련된 어휘를 익혀 두면 지문 내용 파악에 도움이 됩니다.

Schreiben Teil 2

작문 파트 2 (25분) Schreiben Teil 2 Training

시험 유형

과제	인터넷 게시글, SNS 계정 담벼락에 남긴 글, 블로그, 사적인 내용의 글
단어 수	80
시간	25분

작문 2 특징

√ 자기의 의견을 말한다.
√ 인터넷 게시물, 신문 독자 토론 코너에 남겨진 의견에 대한 자신의 생각
√ 개인 간의 사적인 공간에 적는 글

문제 파악

Sie haben im Fernsehen eine Diskussionssendung zum Thema „Kein Smartphone unter 10 Jahren" gesehen. Im Online-Gästebuch der Sendung finden Sie folgende Meinung

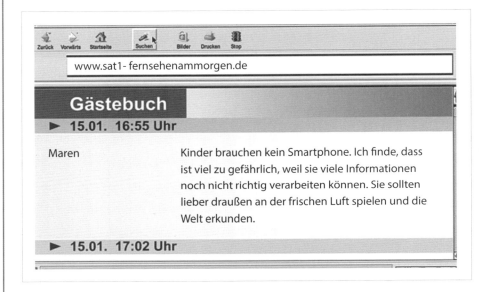

Schreiben Sie nun Ihre Meinung dazu(ca.80 Wörter).

해석 ·))

당신은 "10살 이하 연령에 스마트폰 금지"라는 주제로 텔레비전에서 방영하는 공개토론을 시청했습니다. 온라인 방명록에서 당신은 아래의 의견을 보았습니다.

아이들에게 스마트폰은 필요없습니다. 나는 아이들이 많은 정보를 아직 제대로 다룰 수 없기 때문에 그것은 너무 위험하다고 생각합니다. 아이들은 차라리 밖에 나가서 신선한 공기를 마시며 세상을 알아가는 것이 좋다고 생각합니다.

본인의 의견을 쓰시오. (단어 수: 80개)

Pro	
SMS schreiben	문자메시지 하다
tippen lernen	타이핑 하는 방법을 배우다
Sätze formulieren	문장을 만들다
Fotos machen	사진을 찍다
(auch: fotografieren)	
Filme drehen	비디오를 녹화하다
Spaß haben	재미있다
kreativ sein	창조적이다
„cool" sein	멋지다

Kontra	
weniger bewegen	덜 움직이다
verlieren	잊어버리다
finanzieller Schaden groß sein	
경제적으로 타격이 크다	
gewaltsame Inhalte	폭력적인 내용
verstörende Inhalte	당혹스러운 내용
im Internet	인터넷에서

Schriftlicher Ausdruck: Aufgabe 2-1

Schreiben Sie eine Diskussionsbeitrag.

Schreiben Sie 40-80 Wörter.

Stichpunktzettel

모범답안: Aufgabe 2-1

Früher oder später braucht das Kind ein Handy. Oder wollen Sie ihr Kind zum Außenseiter machen und völlig gegen den Strom schwimmen.
Viele können nicht mehr ohne Handy.
Es gibt keine Telefonzellen. Lehrer und Erzieher benachrichtigen die Eltern immer per Handy. Außerdem gibt es doch auch Kinderhandys mit guten Sicherheitsfunktionen.
Die Handyrechnung muss meiner Meinung nach das Kind selbst bezahlen.
Außerdem glaube ich, dass mein Kind mit Handy "sicherer" ist vor Fremden, Entführungen

Bettina

해석 ·))▶

조만간 아이들도 핸드폰을 필요로 할 것입니다. 그렇지 않을 경우 당신의 자녀가 왕따가 될 수 있고, 아이들 무리에서 완전히 배제될 수 있습니다.
많은 사람들이 핸드폰 없이는 살 수 없게 되었습니다.
이제 더 이상 공중전화 부스를 찾아 볼 수가 없고, 선생님들도 부모들에게 핸드폰으로 연락을 합니다. 뿐만 아니라 훌륭한 보안 기능을 갖춘 어린이용 핸드폰도 있습니다. 핸드폰 요금은 아이들 스스로가 내야 한다고 생각합니다. 그 외에도 핸드폰이 있다면 우리 아이가 낯선 사람들이나 유괴 등으로부터 더 안전해질 수 있을 것이라고 생각합니다.

베티나

(nicht richtig)verarbeiten können	(올바르지 않은) 견해를 갖다
an der frischen Luft spielen	(밖에) 신선한 공기를 마시면서 놀다
die Welt erkunden	세상을 알아가다
früher oder später	조만간
zum Außenseiter machen(ugs.)	왕따 만들다
gegen den Strom schwimmen	대세에 순응하지 않다
nicht mehr ohne...	...없이는
per Handy benachrichtigen	휴대폰으로 소식을 전하다
e. Sicherheitsfunktion	안전장치
e. Handyrechnung	휴대폰 계산서
selbst	스스로, 자신이, 몸소
sicher sein vor	~로부터 안전하다
r. Fremde	낯선 사람
e. Entführung	납치

문제 파악

Sie haben in einem Diskussionsforum ein Thread zum Thema „Google, Facebook, Twitter- die neue Welt" gesehen. Im Online-Gästebuch der Sendung finden Sie folgende Meinung:

Schreiben Sie nun Ihre Meinung dazu(ca.80 Wörter)

해석 ·))

당신은 한 공개 토론 프로그램에서 "새로운 세상-구글, 페이스북, 트위터" 라는 주제의 글을 읽었습니다. 해당 프로그램의 온라인 방명록에서 다음과 같은 의견들을 확인할 수 있습니다.

> 페이스북과 같은 소셜 네트워크 서비스의 장점은, 옛 친구를 만나게 해 주거나, 새로운 친구를 만나게 해 주거나 수천 킬로미터가 떨어져 있더라도 연락을 주고받을 수 있게 해 준다는 점입니다. 분명 삶에서 많은 시간을 뺏기겠지만, 이 부분은 스스로 해결해야 합니다.

본인의 의견을 쓰시오. (단어 수: 80개)

Schriftlicher Ausdruck: Aufgabe 2-2

Schreiben Sie eine Diskussionsbeitrag.

Schreiben Sie 40-80 Wörter.

Stichpunktzettel

모범답안: Aufgabe 2-2

Internet ist schon lange Zeit Teil unseres Lebens.

Ich kann mir gar nicht mein Studium ohne Internet vorstellen. Jeden Tag brauche ich Sozialnetzwerke auch, um mit meinen Freunden zu kommunizieren, weil heute solche Kommunikationsarten wie z.B. das Chatten sehr beliebt bei Jugendlichen ist.

Die Daten auf Facebook oder Twitter veröffentlichen wir selbst.
Niemand zwingt uns dazu.

Darina

해석 ·))▶

인터넷은 이미 오래 전부터 우리 삶의 일부였습니다.

저는 인터넷 없는 대학 생활은 조금도 상상할 수 없습니다. 그리고 매일 친구들과 연락을 주고받기 위해서 SNS도 필요하죠. 왜냐하면 오늘날에는 채팅과 같은 의사소통 방식이 청소년들 사이에서는 아주 인기가 높기 때문입니다.

우리는 페이스북이나 트위터에 스스로 정보를 올립니다. 이에 대해 누구도 우리를 강요하진 않아요.

Darina

필수 어휘

das Gute sein an etwas(ugs.)	좋은 점이다
zusammenführen	서로 만나게 하다, 연결하다
in Verbindung bleiben lassen(ugs.)	연락이 끊기지 않도록 하게 하다
über Tausende von Kilometern (entfernt sein, liegen)	수천 킬로미터 (떨어지다)
Teil des Lebens sein	삶의 일부다
sich nicht vorstellen können	상상할 수 없다
mit jemandem kommunizieren	대화를 나누다
etwas (sehr) beliebt sein	유행이다
s. Chatten, chatten	채팅, 채팅하다
jemanden zwingen	강요하다
auf Twitter/Facebook veröffentlichen	정보를 업로드하다

작문 파트 3 유형

비즈니스 상황에서 이메일을 작성할 때, 정중하게 예의를 갖춰 거절하거나 문의하는
내용을 작성하는 파트입니다.

핵심 전략

- 지인에게 작성하는 이메일, 서신입니다.
- 독일의 이메일에서 자주 쓰는 제안/거절 표현을 알아야 합니다.
- 공고의 경우 안내 문구 형식으로 줄여 쓰는 것이 중요합니다.

기출 토픽

- 비즈니스 이메일, 사과 이메일

문제 풀이 전략

- 글 쓰는 상황과 목적 등의 핵심 정보에 밑줄을 그어 눈에 잘 띄도록 합니다.
- 요구 조건을 정확하게 파악합니다.

Schreiben Teil 3

작문 파트 3 (15분) Schreiben Teil 3 Training

시험 유형

과제	이메일 쓰기, 불참을 통보하기, 제안하기
주의사항	인사말과 맺음말을 꼭 작성하기
단어 수	40
시간	15분

작문 3 특징

√ 불참의 뜻을 전하기
√ 이메일로 불참 사유를 전하기
√ 예의에 어긋나지 않게 불참 사유를 구체적으로 기재하기
√ 불가피한 사정을 쓰도록 유의해야 함

문제 파악

Sie haben einen Termin bei Ihrer Professorin, Frau Prof. Dölling, für Ihre Doktorarbeit.

Zu dem Termin können Sie aber nicht kommen.

Schreiben Sie an Frau Prof. Dölling. Entschuldigen Sie sich höflich und berichten Sie, warum Sie nicht kommen können.

해석 ·≫)▶
당신은 박사 학위 논문에 대한 상담을 위해 교수님과 약속을 잡았습니다. 하지만 그 약속에 불참하게 됐습니다. 교수님에게 이메일을 써서 정중하게 사과한 뒤에 그 이유를 설명하시오.

공식적으로 이메일 작성하기 Verfassens eines formellen Briefes

Anrede: 호칭	Sehr geehrter Herr(성)/Sehr geehrte Frau (성) 이름을 알고 있을 때 Sehr geehrte Damen und Herren, 이름을 모를 때. 기관. 단체 등
Einleitung: 서론 > 감사	Vielen Dank für die Einladung. 초대해 주셔서 대단히 감사합니다. Danke für die Einladung. 초대해 주셔서 감사합니다. Über Ihre Einladung habe ich mich sehr gefreut. 당신이 초대해 주셔서 기뻤어요. Ich habe Ihre Einladung erhalten. Vielen Dank. 초대장을 잘 받았습니다. 감사합니다. Ein gemeinsames Abendessen ist wirklich eine tolle Idee. 함께 저녁 식사하는 것은 좋은 생각입니다.
sich entschuldigen 사죄하다	Leider bin ich zum genannten Termin verhindert. 불행히도 언급된 날짜에 일이 있습니다. verhindert sein oder aber auch: beruflich verhindert sein 일이 있어서 바쁘다 / 다른 일이 있어서 바쁩니다. Gerne wäre ich gekommen. 정말 가고 싶었습니다. Leider müssen wir das Treffen/den Termin vertagen. 유감스럽게도 약속을 연기해야 합니다.
Grund des Nichterscheinens 불참 이유	Ich wäre sehr gerne gekommen und habe alles versucht, ..zu..... Es ist mir leider nicht gelungen. Deshalb muss ich leider (취소할 내용) absagen. 가기를 원했고 최선을 다했습니다. 불행히도 성공하지 못했습니다. 따라서 취소해야합니다. Leider bin wegen (~때문에 (2격) 예시: wegen eines Todesfalls in der Familie) verhindert. 가족이 사망사고를 당해서 바쁩니다. Ich würde sehr gerne kommen, bin allerdings in der nächsten Woche geschäftlich auf Reisen. 가기를 원하지만, 다음 주에 출장에 갑니다. Leider bin ich gestern erkrankt. 불행히도, 나는 어제 아프기 시작했습니다.

	Das Thema/die Aufführung/das Stück interessiert mich sehr, doch leider muss ich absagen. Ich wäre gern gekommen, liege jetzt jedoch mit einer Grippe im Bett. 가고 싶었지만 지금 독감에 걸려 침대에 있습니다. Wir bedauern die kurzfristige Terminabsage und bitten eventuell entstehende Unannehmlichkeiten zu entschuldigen. 우리는 약속 시간에 얼마 남지 않은 때에 취소해서 유감스럽게 생각하며 불편을 끼쳐 드려 죄송합니다.
Neuen Termin vereinbaren	Können Sie mir einen anderen freien Termin geben? 빈 시간을 알려줄 수 있습니까? Können wir einen anderen Termin vereinbaren? 약속을 다시 잡을 수 있습니까?
Schluss 결말 ◎ TIPP! **Grußformel**	Bitte entschuldigen Sie die kurzfristige Terminabsage. 약속 시간에 얼마 남지 않은 때에 취소해서 죄송합니다. Ich wünsche Ihnen einen angenehmen Tag. 즐거운 하루 되길 빌며. **공손하고 정중하게 편지를 마무리짓는 표현** Mit freundlichen Grüßen Hochachtungsvoll **공손하면서도 공식적인 문서 등에서 쓰이는 격식을 갖춘 표현** Mit besten Grüßen
Absendername Vor und Zuname	

Schriftlicher Ausdruck: Aufgabe 3-1

Schreiben Sie eine Email.

Schreiben Sie 40-80 Wörter.

Stichpunktzettel

모범답안: Aufgabe 3-1

Formeller Brief (1)

Sehr geehrte Frau Prof. Dölling,	**Anrede**
Ich wäre gern gekommen und habe alles versucht, einen schon länger vereinbarten Termin zu verlegen. Es ist mir leider nicht gelungen und deshalb muss ich den Termin in Ihrer Sprechstunde leider absagen.	**Einleitung** **Haupttext**
Ihre Ideen und Vorschläge zu dem Projekt interessieren mich sehr. Ich melde mich nochmal bei Ihnen.	**Schluss**
Mit freundlichen Grüßen	**Grußformel**
Karin Becker	**Absendername**

해석 ·)))▶

존경하는 Dölling 교수님,

교수님을 기꺼이 찾아 뵙고자 오래 전부터 약속했던 일정도 미룰 같은 방법들을 시도하였습니다만, 아쉽게도 그럴 수 없었고 그리하여 교수님과의 상담 일정을 취소해야 할 것 같습니다. 프로젝트에 대한 교수님의 생각과 제안들은 굉장히 흥미롭습니다. 제가 교수님께 다시 한 번 연락 드리겠습니다.

Mit freundlichen Grüßen

카린 베커 올림

아래의 구문을 사용하여 공손하게 불참을 통보하세요.

Einleitungstext lesen, Situation, Anlass analysieren.
Sie wurden eingeladen, haben einen Termin, haben ein Treffen. Zu dem
Termin können Sie aber leider nicht kommen.

Leider muss ich den Termin absagen, weil 주 + 목 + 동

---

1   Ich fühle mich nicht wohl. 컨디션이 좋지 않다.

→   Leider muss ich den/unseren Termin/den Termin mit Ihnen absagen, weil ich mich nicht
    wohl fühle. 컨디션이 좋지 않아서 약속(당신과의 약속)에 갈 수 없게 되었다.

2   Ich muss dringend zum Arzt. 급히 의사한테 가 봐야 한다.

→

3   Verwandte aus Korea kommen zu Besuch 내 친척들이 한국에서 나를 방문하러 온다.

→

4   Ich habe ein wichtiges Vorstellungsgespräch. 중요한 면접이 있다.

→

5   Mein Auto ist kaputt. 내 차가 고장 났다.

→

6   Meine Waschmaschine ist kaputt. 내 세탁기가 고장 났다.

→

아래에서 **wegen**을 사용하여 문장을 완성하세요.

> Schreiben Sie an Frau Dölling. Bedanken Sie sich, entschuldigen Sie sich höflich und berichten Sie, warum Sie nicht kommen/teilnehmen können.
>
> **.... muss ich den Termin mit Ihnen/unseren Termin leider absagen.**
> 약속을 취소해야 합니다

1 Ich habe einen Besichtigungstermin. 나에게는 참관 일정이 있습니다.

→   Wegen eines Besichtigungstermins muss ich den Termin mit Ihnen leider absagen.

2 Im Büro findet eine wichtige Besprechung statt.
사무실에서 중요한 회의가 있습니다.

→

3 Der Handwerker kommt und repariert meine Wohnung.
수리공이 와서 아파트를 수리합니다.

→

4 Es gibt eine Bahnstreik. 기차가 파업 중입니다.

→

5 Mein Flug ist ausgefallen. 비행기가 취소됐습니다.

→

6 Mein Kind hat plötzlich hohes Fieber. 우리 아이가 갑자기 고열이 납니다.

→

sich entschuldigen	사과하다
einen Termin vereinbaren	약속하다(공식적인)
sich verabreden	약속하다(사적인)
sich (sehr) freuen	무엇을 기뻐하다
eine Einladung erhalten/bekommen	초대장을 받다
eine tolle Idee sein	아주 좋은 생각이다
der genannte Termin	언급된 날짜에서
verhindert sein	저지하다, 방해받다 *(일이 있어서) 바쁘다
etwas vertagen	(회의 따위를) 연기하다
geschäftlich auf Reisen sein/unterwegs sein	출장에 가다
erkranken(an)	병에 걸리다
einen Termin geben	약속을 잡다
die kurzfristige Terminabsage	약속 시간에 얼마 남지 않아 취소하는 것
einen angenehmen Tag wünschen	즐거운 하루 되기를 바라다
die Unanehmlichkeiten entschuldigen	불편을 끼쳐 죄송하다고 말을 하다
gerne kommen	오기를 원하다
ein länger vereinbarter Termin	오래 전 잡은 약속(기한)
einen Termin verlegen	약속을 바꾸다
gelingen	성공하다/해내다
den Termin absagen	약속을 취소하다
jemanden sehr interessieren	매우 흥미를 일으키다
sich nochmal melden	다시 연락드리다

문제 파악

Sie haben morgen ein Vorstellungsgspräch in einem Bekleidungsgeschäft.
Allerdings können Sie nicht zur vereinbarten Zeit kommen.
Schreiben Sie an Frau Schmidt, entschuldigen Sie sich und vereinbaren Sie einen
neuen Termin.

> **해석 ·»)》**
> 당신은 내일 옷가게에서 면접을 보게 되었습니다. 그러나 면접 시간에 갈
> 수 없을 것 같습니다. Mrs. Schmidt에게 사과하고 약속을 새로 잡으세요.

Schriftlicher Ausdruck: Aufgabe 3-2

Schreiben Sie eine Email.

Schreiben Sie 40-80 Wörter.

Stichpunktzettel

모범답안: Aufgabe 3-2

Formeller Brief (1)

Meine Bewerbung für die Position (Bezeichnung) Ihr Schreiben / Ihre E-Mail vom XX.XX.XXXX	**Anrede**
Sehr geehrte Frau Müller, vielen Dank für Ihre freundliche E-Mail und Ihre Einladung zum Vorstellungsgespräch am 1.1.2018 in Ihrem Unternehmen. Ich kann den Termin leider nicht wahrnehmen, da ich an diesem Tag keinen Urlaub bekomme.	**Einleitung**
Ich kann Ihnen alternativ aber diese Termine für ein Gespräch anbieten: - Montag, 18.12., nachmittags - Dienstag, 19.12., vormittags - Freitag, 22.12., vormittags	**Haupttext**
Ich bin sehr interessiert an der Stelle und sicher, dass ich Sie mit meinen Stärken, Erfahrungen und Erfolgen engagiert unterstützen kann. Ich freue mich von Ihnen zu hören und auf ein persönliches Kennenlernen.	**Schluss**
Mit freundlichen Grüßen	**Grußformel**
Ihr Vorname und Zuname Ihre Festnetznummer (optional) Ihre Postanschrift Ihre E-Mail-Adresse Ihr Xing- oder LinkedIn-Profil (optional)	**Absendername**

직위 (직책) 신청
XX.XX.XXXX의 편지 / 이메일

친애하는 Ms. Müller,
보내주신 메일과 면접 기회 주신 점 대단히 감사드립니다. 그러나 안타깝게도 그날 휴가를 내지 못해 참석하기 어렵게 되었습니다.

이에 혹시 아래의 일정 때 시간이 있으신지 여쭤보고 싶습니다.
- 12/18 월요일, 오후
- 12/19 화요일, 아침
- 12/22 금요일, 아침

그 일에 대해서 매우 흥미를 가지고 있고, 제가 가진 강점과 경험 및 성공을 바탕으로 선생님께 큰 힘이 되어드릴 수 있다고 확신합니다.

만나 뵐 것을 기대하겠습니다.

~올림

이름과 성
유선 전화 번호 (선택 사항)
우편 주소
귀하의 전자 메일 주소
귀하의 Xing 또는 LinkedIn 프로필 (선택 사항)

필수 어휘

die Bewerbung für	~위한 지원
s. Vorstellungsgespräch	면접
e. Einladung	초청, 초대
einen Termin wahrnehmen	약속에 가다
Urlaub bekommen	휴가를 받다
von jemandem hören	소식을 듣다
jemanden persönlich kennenlernen	개인적으로 만나다, 알게 되다

※ 작문 파트 Review

Aufgabe 1 특징	√	정보를 조회하다, 체험을 이야기 하다, 만날 약속 정하기
	√	요구 조건 3개
Aufgabe 2 특징	√	자기 의견 말하기
	√ √	인터넷 게시물, 신문 독자 토론 코너에 남겨진 의견에 대한 자신의 생각 개인 간의 사적 혹은 공적의 글
Aufgabe 3 특징	√ √	불참의 뜻 전하기 사과하기

Test

Aufgabe 1

Sie haben am Wochenende eine Radtour in den Bergen gemacht. Ihr bester Freund namens Tommy konnte nicht daran teilnehmen, weil er sich für ein wichtiges Vorstellungsgespräch vorbereiten musste.

- Beschreiben Sie: Wie war die Radtour?
- Begründen Sie: Warum fahren Sie so gerne mit dem Fahrrad durch die Gegend?
- Machen Sie einen Vorschlag für ein Treffen.

Aufgabe 2

Sie haben eine Diskussionssendung zum Thema: „Soll man heute noch Kinder bekommen?" gesehen. Im Online Gästebuch der Sendung finden Sie die folgende Meinung.

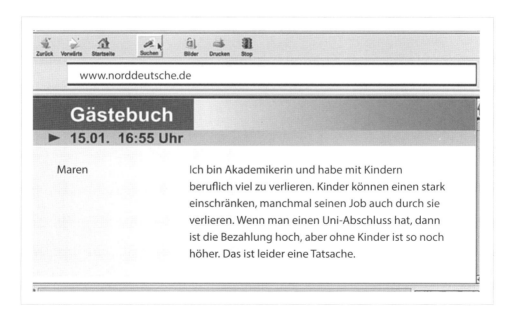

Schreiben Sie nun Ihre Meinung dazu(ca.80 Wörter).

Aufgabe 3

Sie möchten ein Bankkonto eröffnen. Sie haben mit Ihrem Kundenberater Herr Müller einen Termin vereinbart. Zu dem Termin ist Ihnen etwas dazwischen gekommen.

Schreiben Sie Herrn Müller.

Entschuldigen Sie sich höflich und berichten Sie, warum Sie nicht kommen können.

Schreiben Sie eine Email von (circa 40 Wörtern). Vergessen Sie die Anrede und die Grußformel nicht.

해석 ·◉》

Aufgabe 1

당신은 주말에 산으로 자전거 여행을 떠났습니다/소풍을 갔습니다. 당신의 가장 친한 친구는 면접 준비 때문에 약속에 참석 할 수가 없었습니다.

- 묘사하시오: 자전거 여행은 어땠는지
- 설명하시오: 왜 내가 자전거를 타는 걸 좋아하는지
- 다음 약속을 잡으시오.

Aufgabe 2

당신은 "오늘날 아이를 가져야 하는가?"라는 주제의 토론 방송을 보았습니다. 그 방송의 온라인 방명록에 다음과 같은 의견을 보았습니다.

나는 고등교육을 받았다. 그런데 아이를 갖는 순간 커리어에서 많은 것을 포기해야만 한다.
아이가 있으면 많은 것에 제약이 걸리는데, 심각한 경우에는 직업을 잃을 수 있다. 즉, 학위가 있으면 그만큼 높은 급여를 받을 수 있는 가능성이 있으나, 아이가 없으면 학위가 있는 사람보다 급여가 더 높을 수 있다.

본인의 의견을 쓰시오. (단어 수: 80개)

Aufgabe 3

당신은 은행 계좌를 개설하고 싶어서 고객상담사인 뮬러 씨와 약속을 잡았습니다. 그러나 사정상 불참하게 되었습니다.
뮬러씨에게 이메일을 쓰십시오.
정중하게 사과하고 왜 참석하지 못하는지 설명한 뒤 약속을 잡으십시오.
이메일 (40 단어)를 쓰십시오. 호칭과 인사말을 잊지 마십시오.

Schriftlicher Ausdruck: Aufgabe 1

Schreiben Sie eine Email.

Schreiben Sie 40-80 Wörter.

Stichpunktzettel

Schriftlicher Ausdruck: Aufgabe 2

Schreiben Sie eine Diskussionsbeitrag

Schriftlicher Ausdruck: Aufgabe 3

Schreiben Sie eine Email.

Schreiben Sie 40-80 Wörter.

Stichpunktzettel

모범답안: Aufgabe 1

Informeller Brief

Hallo Tommy,	*Anrede*
Schade, dass du nicht auf die Radtour mitgekommen bist. Es war eine wirkliche gute Radtour mit vielen Teilnehmern. Wir haben die Landschaft unheimlich genossen. Ich liebe Radtouren, weil das Radfahren so viel Abwechslung bietet. Man kann die Landschaft und die frische Luft geniessen. Außerdem lernt man viele neue, nette Leute kennen.	*Haupttext*
Wir sollten uns wieder treffen. Wir haben uns so lange nicht gesehen. Lass uns ins Kino oder etwas Leckeres essen gehen. Meld dich.	*Schluss*
Liebe Grüße	*Grußformel*
Eva	*Absendername*

해석 ·))▶

Tommy 안녕,
자전거 여행을 함께 떠나지 못해 아쉬웠어. 많은 참가자들이 함께 한 정말 즐거운 자전거 여행이었어. 우리 경치를 많이 즐겼지.
나는 자전거 여행을 정말 좋아해. 자전거 여행은 기분전환도 되고, 아름다운 풍경, 신선한 공기도 누릴 수 있어. 뿐만 아니라 새로운 친절한 사람들을 만날 수도 있거든.
우리 만나자. 우리 본 지 너무 오래 되었어. 극장이나 맛있는 거 먹으러 가자.

Liebe Grüße
Eva

모범답안: Aufgabe 2

Ich kann Maren verstehen.
Es ist nicht leicht, Beruf und Kind miteinander zu vereinbaren.

Allerdings ist die Situation in Deutschland viel besser als in Korea. In vielen Ländern haben es Frauen viel schwerer, mit Kindern zu arbeiten. Das ist vielen Frauen in Deutschland nicht bewusst.
Außerdem bekommen viele Akademiker später Kinder, weil ihre Ausbildung länger dauert.
Ich kenne viele Akademiker, die keine Kinder haben. Vielleicht weil sie so lange gewartet haben?

Geld kann man jederzeit verdienen, Kinder bekommen nicht.
Alles hat seine Zeit.

해석 ·ㅙ▶

저는 마렌을 충분히 이해합니다.
직장과 아이를 함께 하기란 쉽지 않습니다.

하지만 독일은 한국보다 훨씬 더 좋은 상황입니다. 대부분의 나라에서는 여성들이 아이를 키우면서 직장 다니는 것에 많은 어려움을 겪고 있습니다. 독일에 사는 여성들은 이것을 인식하지 못하는 경우가 많습니다.
뿐만 아니라 고등교육을 받은 많은 부모들은 교육 기간이 오래 걸리기 때문에 아이를 늦게 갖는 경우가 많습니다.
저는 아이를 가지지 않은 대학 교육을 받은 사람들을 많이 알고 있습니다. 아마도 그들도 그렇게 오래 기다렸기 때문은 아닐까요?

돈은 항상 벌수 있지만, 아이는 언제든 낳을 수 있는 것이 아닙니다.
모든 것이 때가 있습니다.

모범답안: Aufgabe 3

Formeller Brief

Sehr geehrte Herr Müller,	*Anrede*
Ich beziehe mich auf unseren Termin zur Eröffnung eines Bankkontos.	*Haupttext*
Leider muss ich unseren Termin absagen, weil ich gestern erkrankt bin.	
Ich würde gern für nächste Woche einen Termin vereinbaren.	
Können Sie mir einen anderen freien Termin geben?	
Ich kann ausgenommen am 14.12 an jedem Tag.	*Schluss*
Vielen Dank.	
Mit freundlichen Grüßen	*Grußformel*
Eva Kim	*Absendername*

해석 ·))▶

친애하는 뮬러씨.

은행 계좌를 개설하기 위해 잡았던 약속 때문에 메일을 씁니다.
죄송하지만 제가 어제부터 몸이 아프기 시작했기 때문에 약속을 취소할 수밖에 없
습니다.
다음 주에 약속을 잡고 싶습니다.
편하신 시간을 말씀해 주실 수 있을까요?
저는 12월 14일을 제외하면 언제든 좋습니다.
대단히 감사합니다.

Mit freundlichen Grüßen
Eva Kim

회화

MODUL
SPRECHEN

Sprechen Teil 1에서는 함께 파티 혹은 생일 등 계획을 세워야 하는 상황이 주어집니다. 일상생활과 관련된 여러 가지의 주제에 대한 대화를 구성함과 동시에, 문제에 제시된 네 가지 조건에 유의하며 답변해야 합니다. 다양한 문제 상황에 대한 계획을 얼마나 구체적으로 잘 세우는지 평가하는 항목입니다.

핵심 전략

- 다른 응시자와 이벤트 계획을 세우는 과제가 주어집니다.
- 다른 응시자가 없는 경우에는 감독관과 계획을 세우는 과정을 거쳐 합의 하에 시간, 장소, 음식 등을 정하는 역할극을 합니다.
- 자신의 의견을 제시하며 그에 따른 이유나 근거를 들어 설명합니다.
- 상대방(다른 응시자 또는 감독관)이 시간이나 장소를 제시할 때, 이를 듣고 적절하게 의견을 제시할 수 있어야 합니다.
- 15분 동안 메모, 답변의 초안을 쓸 수 있는 시간이 주어집니다. 시험 당시에는 메모를 볼 수 있지만 보면서 그대로 읽을 수는 없습니다.

기출 토픽

- 두 사람의 파티, 이벤트를 세우는 역할극

문제 풀이 전략

- 지령을 읽고 알맞은 대화 내용을 떠올리기
- 상대방에게 먼저 대화를 걸어 내용 전개하기

▶ 무료 MP3 다운로드

지령

Das Modul Sprechen besteht aus drei Aufgaben.
In Aufgabe 1 planen Sie etwas mit Ihrem Partner/mit Ihrer Partnerin.
In Aufgabe 2 präsentieren Sie ein Thema(A oder B)
In Aufgabe 3 sprechen Sie über Ihr Thema und das Ihres Partners.

화화는 3개의 과제로 구성됩니다.
과제 1에서는 다른 학생과 함께 계획을 세웁니다.
과제 2에서는 다른 학생과 차례로 하나의 주제를 발표합니다.
과제 3에서는 자신이 들은 내용에 대한 질문을 합니다.

Sprechen Aufgabe 1

회화 파트 1 (2-3분) Sprechen teil 1 Training

Sprechen Sie mit Ihrem Partner/Ihrer Partnerin. Machen Sie Vorschläge und reagieren Sie auf die Vorschläge Ihres Partners.

> *Sie waren auf einer Sprachreise in Österreich und haben sich mit zwei Mitschülern angefreundet. Am Ende der Sprachreise wollen sie eine Abschiedsfeier veranstalten.*
> *Überlegen Sie, was zu tun ist und wer welche Aufgaben übernimmt.*

Sprechen Sie über die Punkte unten, machen Sie Vorschläge und reagieren Sie auf die Vorschläge Ihres Gesprächspartners/Ihrer Gesprächspartnerin. Planen und entscheiden Sie gemeinsam, was Sie tun möchten.

▷ Wann Party(Tag? Uhrzeit?)
▷ Wo feiern?
▷ Was einkaufen? (Essen? Getränke?)
▷ Wer bringt Musik mit?

해석 ·))▶
당신의 파트너와 대화하십시오. 제안을 하고 파트너의 제안에 응답하십시오.

> 당신은 오스트리아 어학연수에 가서 두명의 동급생들과 가까워졌습니다.
> 어학연수의 마지막에 그들은 송별회를 하고 싶어 합니다.
> 무엇을 해야 할지, 그리고 어떤 역할을 맡을지 생각해 보십시오.

아래 사항들에 대해 말하면서 당신의 의견을 표출하고 대화하는 상대방의 의견에 응답하십시오.
무엇을 하고 싶은지 계획을 세우고 함께 문제를 해결하십시오.

> ▷ 언제 파티를 합니까? (날짜? 시간?)
> ▷ 어디서 개최합니까?
> ▷ 무엇을 삽니까? (먹을 것? 마실 것?)
> ▷ 음악은 누가 준비합니까?

상황예시: 파티를 준비할 때

1. Wann findet die Party statt?

Zeitpunkt für Abschiedsparty:

der frühe Nachmittag	= 13-15시	am frühen Nachmittag
der Nachtmittag	= 15-18시	am Nachmittag
der Abend	= 18-23시	am Abend
der späte Abend	= 22-1시	am späten Abend
die Nacht	= 23-5시	in der Nacht

유용한 동사들

veranstalten-	Wir können die Party am frühen Nachmittag veranstalten.
anfangen-	Um wie viel Uhr wollen wir anfangen?
	Wie wäre es am Nachmittag/nachmittags.

2. Wo feiern wir....?

Orte für eine Abschiedsparty:

bei mir zu Hause/bei dir zu Hause	Wir können bei mir feiern.
im Cafe	Wollen wir .... feiern?
im Restaurant	
in der Sprachschule	

3. Was einkaufen? besorgen, mitbringen, sich kümmern um ...

Lebensmittel und Getränke auf Partys:

Chips	Kuchen	Kannst du Chips mitbringen?
Würstchen	Dessert	Kannst du ... besorgen?
ein Salat		Kannst du dich um ... kümmern?
belegte Brote	Getränke	

4. Wer bereitet die Musik vor?

Partymusik aussuchen?
        mitbringen?
Kannst du dich um die Partymusik kümmern?
Wollen wir einen DJ einstellen?

※ 회화 파트 1에서 자주 등장하는 문장

Wann wollen wir ... veranstalten? 우리 ... 언제 할까?
Ja, vielleicht am ...? 그래. 혹시 ... 어때?
Ja, ... ist gut. 그래. ... 좋아!
Wo machen wir ...? ... 어디서 할까?
Bei ... oder bei ...? ... 집에 아니면 ... 집에?
Wollen wir lieber ...? ... 하는 게 더 좋지 않을까?
Was kaufen wir zu essen? 우리 먹을 거 뭐 살까?

 **TIPP!** 상대방의 적절한 언급을 위해 유용하게 쓰일 수 있는 표현!

질문 강조

Vielleicht am Montag?	Was denkst du?	월요일 어때? 어떻게 생각해?
	Was hältst du davon?	어떻게 생각해?
Passt dir das?		(그 시간) 괜찮니?
Würde dir das passen?		(그 시간) 괜찮니?

조심스럽게 반대 강조

Wollen wir lieber ... 목 + 동   우리 ... 하는 게 더 좋지 않을까?
Wäre es nicht besser, wenn 주 + 목 + 동   우리 ... 하는 게 더 낫지 않을까?
Übrigens + 동 + 주 + 목   그런데 말이야 ...

Musterbeispiel für Aufgabe 1 Sprechen

A : Wann wollen wir die Party veranstalten?

B : Ja, vielleicht am Montagnachmittag? Was denkst du?

A : Ja, Montag ist gut.

B : Wo machen wir die Party?

A : Vielleicht bei mir oder bei dir zu Hause?

B : Oh, bei mir ist es nicht gut. Wollen wir lieber in der Klasse feiern?

A : Ja, das ist eine gute Idee.

B : Dann... was kaufen wir zu essen?
     Wir können Chips, Würstchen kaufen. Was hältst du davon?

A : Ja, ok. Wer bringt die Musik mit?

B : Das kann ich machen.

A : Ok, Perfekt! Dann bis Montag.

B : Ja, bis Montag.

해석 ·))▶

A: 우리 파티 언제 할까?

B: 응, 월요일 오후쯤? 어떻게 생각해?

A: 응, 월요일 좋아.

B: 어디서 파티를 열까?

A: 우리집 아니면 너희 집?

B: 아, 우리집은 좋지 않아. 차라리 교실에서 할까?

A: 그래, 그거 좋은 생각이다.

B: 그러면… 우리 먹을 거는 뭐 사지?
    우린 감자칩이랑 소시지를 살 수 있어. 어떨 거 같아?

A: 그래. 좋아. 음악은 누가 준비하지?

B: 그건 내가 할 수 있어.

A: 좋아, 완벽해! 그럼 월요일에 보자.

B: 그래, 월요일에 보자.

회화 파트 2 유형

Sprechen Teil 2에서는 하나의 주제를 제시해야 합니다. 참가자들은 대화를 이끌면서, 하나의 주제를 설정하고, 자신의 경험을 표현하고, 고국에서의 상황을 예를 들어 제시하고, 장점과 단점을 논하고, 개인적 의견으로 마무리해야 합니다. 취미, 여가, 건강, 학업, 일, 교육 등에 대한 주제와 세부 항목들이 나옵니다.

핵심 전략

- 준비 과정에서 하나의 주제를 선택합니다.
- 5개의 그림과 안내문을 이용해 자신의 주제를 제시합니다.
- 적어 온 메모를 볼 수는 있지만 그대로 읽어서는 안 됩니다.
- 다른 참가자들이 발표하는 동안 잘 듣고 메모를 합니다.
- 발표가 끝나면 당신의 과제가 시작되며, 당신은 발표에 대한 질문을 해야 합니다.

기출 토픽

- 취미, 여가, 건강
- 학업, 직업, 교육

문제 풀이 전략

- 주제 3개 중 반드시 더 쉽게 발표 할 수 있는 내용을 기준으로 선택하기
- 질문들에 대한 답변의 형태로 말할 내용을 미리 구성하기

Sprechen Teil 2

유용한 표현들

서론 Einleitung		
인사하기	Ich möchte Sie heute ganz herzlich begrüßen.	*Hallo alle miteinander.* *Guten Tag, mein Name ist...*
주제 소개하기	Ich präsentiere Ihnen jetzt folgendes Thema: Ich freue mich, euch ... vorzustellen.	*Ich werde jetzt einen Kurzvortrag zu dem Thema... halten.* *Das Thema meines Vortrags lautet: .....* *Ich werde heute über (+Akk)*

> **TIPP!** Das Thema ist bedeutsam, weil heutzutage 주 + 목 + 동
> z.B. ..., weil heutzutage viel über das Thema diskutiert wird.

본문 Hauptteil

개요 소개하기

> In meiner Präsentation werde ich am Anfang über …
>
> dann …
>
> zu Schluss über …

Mein Vortrag gliedert sich folgt:
Zuerst werde ich über (+Akk)
sprechen,
danach über…(+Akk)
und am Ende (+Akk)

🎯 **TIPP!** 문단 앞에 이 문장들 순서대로 사용해 보세요.

1. Als erstes spreche ich über (+Akk)
2. Jetzt komme ich zu (+Akk)
3. Als nächstes …
4. So das war`s zu diesem Punkt.

장단점 말하기
예를 들기
Beispiele geben

> Ich möchte ein Beispiel geben.
>
> In meinem Heimatland Südkorea .
>
> z.B. ….

Ich erläutere diesen Punkt
anhand eines Beispiels.
Ein Beispiel dafür ist, …
Unter … versteht man. …
Mit … meint man …
In Korea …

Vor-und Nachteile

> Ein (großer) Vorteil von … ist, dass 주+목+동
>
> Ein (großer) Nachteil von … ist, dass 주+목+동

Ich möchte jetzt über die
Vor-und Nachteile sprechen.
Wenn man …, ist das ein Vorteil,
weil …
Wenn man

TIPP!　찬성 Leider ...,
　　　　　　　　　　반대 Zum Glück,

확장하기(1)

> Jetzt möchte ich über+목+ als + 목 sprechen.
>
> Ich denke, dass+목 viele Möglichkeiten bietet.

 TIPP!

예문 하나 가지고는 부족하다!
예문을 확장하는 유용한 표현들
– *Nun komme ich zu …*
– *Jetzt möchte ich mich … zuwenden.*
– *Bisher haben wir über … gesprochen, jetzt komme ich zu der Frage.*
– *Ich möchte auf einen anderen Aspekt verweisen.*
– *Dabei fällt mir ein, dass …*
– *Bei dieser Gelegenheit möchte ich erwähnen, dass …*
– *In diesem Zusammenhang möchte ich auf die Frage eingehen, ob … sollten.*

확장하기(2)
예를 들 때

> Beispielsweise kann man 주+동.
>
> In diesem Zusammenhang möchte erwähnen, dass 주+목+동.
>
> Dabei fällt mir ein, dass 주+목+동.
>
> Bei dieser Gelegenheit möchte ich erwähnen, dass 주+목+동.

확장하기(3)
화제를 바꿀 때

> Nun komme ich zu +목.
>
> Jetzt möchte ich mich +목 zuwenden.
>
> Bisher haben wir über +목 gesprochen, jetzt komme ich zu der Frage:
>
> Ich möchte noch auf einen anderen Aspekt verweisen.

결론 Schlussteil

결론 Zusammenfassung	Ich finde, dass die Vorteile/ Nachteile überwiegen. z.B. z.B.	*So, ich komme jetzt zum Schluss meiner Präsentation. Ich möchte kurz zusammenfassen.*
인사	Ich bedanke mich für Ihre Aufmerksamkeit. Ich bedanke mich für Ihre Aufmerksamkeit.	*Ich bin am Ende meines Vortrags und danke Ihen für Ihre Aufmerksamkeit.*
질문 받기	So, wenn Sie Fragen haben, beantworte ich Sie gern.	*Wenn Sie Fragen haben, können Sie sie mir jetzt stellen. Sie können mir jetzt Fragen stellen.*

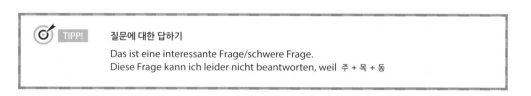

TIPP! **질문에 대한 답하기**

Das ist eine interessante Frage/schwere Frage.
Diese Frage kann ich leider nicht beantworten, weil 주 + 목 + 동

Sie sollen Ihren Zuhörern ein aktuelles Thema präsentieren. Dazu finden Sie hier fünf Folien

 **MP3** S_Teil 02_01

Thema 1: Musterbeispiel

Stellen Sie Ihr Thema vor. Erklären Sie Sie den Inhalt und die Struktur der Präsentation.	**HILFE!** **ICH BIN STÄNDIG IM INTERNET**	Ich werde jetzt ein aktuelles Thema präsentieren. Mein Thema ist: Zu viel Internet. Als Erstes möchte ich von meinen persönlichen Erfahrungen sprechen, danach beschreibe ich die Situation in meinem Heimatland Südkorea. Zum Schluss sage ich etwas zu meiner Meinung.
Berichten Sie von Ihrer Situation oder einem Erlebnis in Ihrem Heimatland.	**MEINE PERSÖNLICHEN ERFAHRUNGEN**	Heutzutage ist ein Leben ohne Internet nicht denkbar.
Berichten Sie von der Situation in Ihrem Heimatland und geben Sie Beispiele.	**DIE ROLLE DES INTERNETS IN MEINEM HEIMATLAND.**	In meinem Heimatland Korea können viele Leute nicht auf das Handy verzichten. Besonders in der U-bahn. Selten redet man miteinander. Die Kommunikation läuft fast nur über das Handy.

Nennen Sie die Vor- und Nachteile und sagen Sie dazu Ihre Meinung. Geben Sie auch Beispiele.	**VOR – UND NACHTEILE DES HANDYS & MEINE MEINUNG**	Ein großer Vorteil des Internets ist das große Angebot. Es gibt viel zu sehen, zu kaufen und zu lesen. Ein großer Nachteil des Internets ist die immer weniger werdende Kommunikation zwischen den Menschen.
Beenden Sie Ihre Präsentation und bedanken Sie sich bei den Zuhörern.	**ABSCHLUSS UND DANK**	Meiner Meinung nach hilft das Internet wenig bei Freundschaften. Daher sollte man lieber das Handy öfter weglegen und unter die Leute gehen. So, das war's zu meinem Thema. Wenn Sie Fragen haben, können Sie sie jetzt stellen.

Thema 2: Musterbeispiel Sind Fremdsprachen ab der 1. Klasse sinnvoll?

Stellen Sie Ihr Thema vor. Erklären Sie Sie den Inhalt und die Struktur der Präsentation.	**Folie 1** — Sind Fremdsprache ab der 1. Klasse sinnvoll?	Das Thema meiner Präsentation lautet Fremdsprachen ab der 1.Klasse? Meine Präsentation besteht aus folgenden Teilen. Als erstes möchte ich von meinen persönlichen Erfahrungen sprechen, danach beschreibe ich die Situation in meinem Heimatland Südkorea. Zum Schluss sage ich etwas zu meiner Meinung.
Berichten Sie von Ihrer Situation oder einem Erlebnis in Ihrem Heimatland.	Sind Fremdsprache ab der 1. Klasse sinnvoll? **Folie 2** — MEINE PERSÖNLICHEN ERFAHRUNGEN	In Korea sagt man: „Man kann nie zu früh anfangen". Es ist heutzutage wichtig, eine Fremdsprache zu sprechen.
Berichten Sie von der Situation in Ihrem Heimatland und geben Sie Beispiele.	Sind Fremdsprache ab der 1. Klasse sinnvoll? **Folie 3** — DER ROLLE VON FREMDSPRACHEN IN MEINEM HEIMATLAND	In Korea fängt man allerdings viel zu früh damit an. Ich habe Englisch in der Schule und in der Sprachschule gelernt. Trotzdem kann ich heute kein Englisch sprechen.
Nennen Sie die Vor- und Nachteile und sagen Sie dazu Ihre Meinung. Geben Sie auch Beispiele.	Sind Fremdsprache ab der 1. Klasse sinnvoll? **Folie 4** — VOR - UND NACHTAILE VON FRÜHEM FREMDSPRACHUNTERRICHT & MEINE MEINUNG	In Korea gehen viele Kinder und Erwachsene in die Sprachschule und geben viel Geld aus. Ein großer Nachteil ist der Preis für die sprachliche Erziehung. Viele Väter arbeiten sehr viel, sodass sie selten mit ihrer Familie zusammen sein können.

Beenden Sie Ihre Präsentation und bedanken Sie sich bei den Zuhörern.

Sind Fremdsprache ab der 1. Klasse sinnvoll?

Folie 5

ABSCHLUSS & DANK

Meiner Meinung nach sollte man die Fremdsprache etwas später lernen. Das hat mehr Vorteile auch für den Beruf. Ein Vorteil ist, dass Kinder eine gute Ausbildung erhalten.

So, das war's mit meinem Thema. Wenn Sie Fragen haben, können Sie mich jetzt fragen.

회화 파트 3 유형

회화 파트 2에서 발표를 마친 후, 파트 3에서는 감독관이나 상대 응시자의 발표에 대해 적절하게 반응해야 합니다. 응시자들의 두 개의 발표가 모두 끝나고 각자 파트너의 발표에 대한 질문을 합니다.

핵심 전략
- 발표를 내용 잘 파악해야 합니다.
- 의문사를 사용하는 의문문을 만듭니다.

기출 토픽
- 취미, 여가, 건강
- 학업, 지역, 교육

문제 풀이 전략
- 피드백 주기 (예: 좋았다, 흥미로왔다)
- 발표의 내용에 대한 핵심 파악하기

토론의 구성

반응 (응시자 1, 2):	Dein Vortrag war sehr *interessant.* *aufschlussreich.* *informativ.* *lehrreich.* Mir hat gefallen, dass ... 주 + 목 + 동.
Frage 1 (응시자):	Ich würde gerne wissen, ob/ W- 의문사 Eine Frage habe ich. W- 의문사
Frage 2 (감독관):	Was ist Ihrer Meinung nach ...? Was halten Sie von ...?

Rückmeldung zu dem Thema: Ich bin ständig im Internet.

감독관	Vielen Dank für Ihre Präsentation. Sie haben jetzt die Möglichkeit für eine Rückmeldung und zwei Fragen.
응시자 2	Also, ich fand deinen Vortrag sehr aufschlussreich. Meine Frage ist, benutzt du oft das Internet?
응시자 1	Ja, ich habe ein Smartphone und ich benutze es für die Arbeit und zum Deutsch lernen. Ich gehe ohne mein Handy nicht aus dem Haus.
응시자 2	Wie viele Stunden am Tag? Und würdest du deinen Kindern ein Smartphone kaufen?
응시자 1	Nein, eher nicht. Meinen Kindern würde ich kein Smartphone kaufen.
감독관	Sollte man ein Internetverbot in U-Bahn oder Bussen einführen?
응시자 1	Hm. Das ist ein gute Frage. Also vielleicht ja. Dann kann man mehr von seiner Umwelt mitbekommen.
감독관	Danke für Ihre Beiträge. Wir sind hiermit am Ende der Prüfung angekommen. Ich bedanke mich noch einmal herzlich bei Ihnen.

감독관	발표해주셔서 감사합니다. 지금 피드백과 두 가지 질문을 하실 수 있습니다.
응시자 2	발표가 참 유익했어. 내 질문은 이거야. 너는 인터넷을 자주 사용하니?
응시자 1	응, 나는 스마트폰이 있는데, 직장에서 그리고 독일어 공부할 때 사용하고 있어. 휴대폰 없이는 집에서 나가지 않아.
응시자 2	하루에 몇 시간 사용해? 그리고 너의 자녀들에게도 스마트폰을 사 줄 거야?
응시자 1	아니, 안 그럴 거 같아. 아이들에게는 스마트폰을 사 주고 싶지 않아.
감독관	지하철이나 버스에서 인터넷을 금지해야 하나요?
응시자 1	좋은 질문입니다. 글쎄요 아마도요. 그렇게 되면 사람들이 주위에 조금 더 신경을 쓰지 않을까요?
감독관	협조에 감사합니다. 시험은 여기서 마치겠습니다. 다시 한번 진심으로 감사드립니다.

Rückmeldung zu dem Thema: Fremdsprachen ab der 1. Klasse?

감독관	Vielen Dank für Ihre Präsentation. Sie haben jetzt die Möglichkeit für eine Rückmeldung und zwei Fragen.
응시자 1	Dein Vortrag war sehr interessant. Ich habe viele neue Dinge gelernt. Ich habe noch zwei Fragen. Ab welchem Alter denkst du, sollten Kinder Fremsprachen lernen?
응시자 2	Also, das ist schwierig. Ich denke ab 3 Jahren. Je früher desto besser. Man spart dann viel Geld.
응시자 1	Ähm, du hast gesagt, Fremdsprachen lernen ist ab der 1. Klasse sinnvoll?
응시자 2	Nein. Ich denke nicht. Mehr Zeit für die Familie und spielen ist besser.
감독관	In welcher Klassenstufe sollte man eine Fremdsprache erlernen?
응시자 2	Vielleicht ab der 4. oder 5. Klasse?
감독관	Vielen Dank. Wir sind hiermit am Ende der Prüfung angekommen. Wir möchten uns noch einmal recht herzlich bei Ihnen bedanken und verabschieden uns hiermit. Auf Wiedersehen.

감독관	발표 감사합니다. 이제 피드백과 두 개의 질문을 하는 시간입니다.	
응시자 1	너의 발표가 참 흥미롭더라. 새로운 많은 것들을 배우게 되었어. 나는 질문이 2개 있어. 몇 살부터 아이들이 외국어를 배워야 한다고 생각해?	
응시자 2	(질문이) 어렵네. 내 생각에는 3살부터. 일찍 시작하면 할수록 더 나은 것 같아. 돈을 많이 아끼니까.	
응시자 1	음. 그럼 1학년부터 외국어를 공부하는 것이 좋다는 의미야?	
응시자 2	아니. 나는 가족과 함께 시간을 보내고, 노는 것이 더 중요하다고 생각해.	
감독관	몇 학년부터 외국어를 공부하는 것이 좋을까요?	
응시자 2	아마 4학년 아니면 5학년?	
감독관	감사합니다. 이제 시험은 마쳤습니다. 여러분께 감사드리며 인사드리겠습니다. 안녕히 가세요.	

Lösungen

B1

Lösungen

S.21 **Übung**

1 Yuna macht seit drei Wochen eine Diät.

2 Ich lese abends gern ein Buch.

3 Mein Vater trinkt jeden Abend ein Bier.

4 Susi hat nur einen Bruder.

5 Meine Tochter hört abends immer eine CD von Benjamin Blümchen.

6 Ich brauche ein neues Sofa.

7 Er besucht heute eine Freundin von ihm.

8 Du rauchst schon wieder eine Zigarette.

S.25 **Übung 01**

1 Ich bekomme ein Visum.

2 Ich bestelle eine CD im Internet.

3 Anna braucht eine neue Tasche.

4 Wir haben warmes Wetter.

5 Man hört den Verkehr draußen auf der Straße.

6 Ich verstehe den Satz nicht.

7 Ich bekomme kalte Hände.

8 Ich verliere immer die Übersicht.

S.26 **Übung 02**

1 Ich sehe mir die Oper „die Zauberflöte" von Mozart an.

2 Ich sehe mir eine Ausstellung an.

3 Ich sehe mir eine Aufführung an.

4 Ich sehe mir das Ballett „der Schwanensee" an.

5 Ich sehe mir das Musical „Cats" an.

6 Ich sehe mir eine Show an.

7 Ich sehe mir eine Live-Übertragung an.

8　Ich sehe mir die Nachrichten an. *die Nachrichten = 하나밖에 없는 뉴스

9　Ich sehe mir einen Spielfilm an.

S.27　　Übung 03

1　Ich bezahle ein Schnitzel und eine Cola.
　　Ich bezahle das Schnitzel und die Cola.

2　Ich bestelle eine Pizza beim Lieferservice.

3　Ich verstehe den Text nicht.

4　Er zerreist den Brief seiner Freundin.

5　Der Sturm zerbrach den Gartenstuhl.

6　Die Touristen besichtigen den Berliner Dom.

7　Der Reporter befragt den Politiker.

8　Der Verbrecher zerstört das Beweismaterial.

S. 31　　Übung 01

1　Sie antwortet mir nicht.

2　Ich bin meiner alten Lehrerin begegnet.

3　Ich danke Ihnen für Ihre Mithilfe.

4　Im Portemonnaie fehlen mir 20 Euro.
　　Mir fehlen im Portemonnaie 20 Euro.

5　Folgen Sie mir!

6　Diese Gegend gefällt mir.
　　Mir gefällt diese Gegend.

7　Die Schlüssel gehören ihr.
　　Ihr gehören die Schlüssel.

8　Das Rezept gelingt mir fast immer.
　　Mir gelingt das Rezept fast immer.

9　Das genügt mir einfach nicht.
　　Mir genügt das einfach nicht.

10　Ich glaube dem Angeklagten.

11　Ich gratuliere dir zu deinem Führerschein.

12　Ich helfe dir beim Umzug.

S. 33 Übung 02

1 Diese Bücher gehören mir.
  Mir gehören diese Bücher.
2 Ich sage dir die Wahrheit.
3 Die Musik gefällt mir nicht.
  Mir gefällt die Musik nicht.
4 Die Schuhe gehören mir nicht.
  Mir gehören die Schuhe nicht.
5 Ich danke dir für das Geschenk.
6 Der Kaffee schmeckt mir nicht.
  Mir schmeckt der Kaffee nicht.
7 Ich helfe dir.
8 Ich glaube dem Mann nicht.

S.34 Übung 03

1 Ich rate ihm zur Vorsicht.
2 Abgase schaden der Umwelt.
3 Dein Essen schmeckt mir immer.
4 Ich vertraue dir blind.
5 Ich verzeihe dir.

S.36 Übung 01

1 Ich schicke der Sekretärin meine Kündigung.
2 Die Schülerin sagt dem Lehrer die Wahrheit.
3 Ich schicke der/meiner Familie einen Gruß.
4 Ich zeige dem Fußgänger den Weg.
5 Der Präsident schreibt den Angehörigen einen Brief.

Übung 02

1 Der Lehrer zeigt den Schülern einen Film.
2 Der Hausmeister erklärt dem Studenten die Hausregeln.
3 Die koreanische Mieterin diktiert der Sekretärin ihren Namen.
4 Ich bringe dir etwas mit.
5 Der Kellner serviert den Gästen das Essen.

S.42 Übung 01

1   der Mann

2   dem Kind

3   den Mantel

4   des Eigentümers

5   die Geschäftsführerin

6   dem Freund

7   den Verwandten

8   der Bewohnerin

Übung 02

1   Ich glaube dem Zeugen nicht. (der Zeuge N-Deklination)

2   Meine Eltern schicken meinem Bruder ein Paket nach Korea.

3   Die Aktionäre vertrauen der Managerin.

4   Zu viel Stress schadet dem Menschen. (der Mensch N-Deklination)

5   Das Geld nützt dem Erben nicht. (der Erbe N-Deklination)

S. 43 Übung 03

1   Der Kundendienst repariert den Automaten.

2   Der Tourist fotografiert den Affen.

3   Der Anwalt telefoniert mit dem Architekten.

4   Ich ärgere mich über meinen Nachbarn.

5   Der Journalist interviewt den Präsidenten.

6   Die Kamera gehört dem Fotografen.

7   Ich helfe dem Jungen.

8   Die Polizei verhaftet den Studenten.

9   Ich frage einen Spezialisten.

S.44 Übung 04

1   Das ist das Fahrrad des Postboten.

2   Das sind die Spuren eines Bären.

3   Das sind die Kinder meines Lebensgefährten.

4   Die Fragen des Journalisten sind knifflig.

5   Der Vortrag des Biologen ist sehr anschaulich.

Übung 01

1   Ich habe ein <u>neues</u> Auto.

2   Er hilft seiner <u>alten</u> Tante.

3   Sie dankt ihrem <u>alten</u> Schulfreund.

4   Ich esse gern <u>frisches</u> Brot. *세상 모든 빵을 좋아하기 때문에 관사 없이 쓰인다. auch: Ich liebe….(나는 ~사랑해) Ich hasse…(나는 ~싫어해) 등

5   Er besitzt ein <u>teures</u> Haus.

6   Ich brauche <u>neue</u> Schuhe. *(Pl.)

7   Ich trinke gern <u>italienischen</u> Wein.

Übung 02

1   Ein <u>ehrgeiziger</u> Musikstudent übt täglich mehrere Stunden.

2   Der Professor beobachtet den <u>talentierten</u> Musikstudenten.

3   Ein Professor bietet dem Studenten einen <u>begehrten</u> Studienplatz an.

4   Die Freundin des <u>ehrgeizigen</u> Musikstudenten freut sich für ihn.

5   Die <u>junge</u> Frau kauft eine <u>rote</u> Rose.

6   Ihr Freund liebt <u>rote</u> Rosen.

Übung 01

1   Ich bin <u>auf</u> dem Schulhof.

2   Ich bin <u>auf</u> dem Balkon.

3   Ich bin <u>in</u> dem Wald.

4   Ich bin <u>in</u> dem Garten. (oder „im Garten")

5   Ich bin <u>auf</u> dem Turm.

6   Ich bin <u>in</u> dem Schwimmbad. (oder „im Schwimmbad")

7   Ich bin <u>in</u> der Gallerie.

8   Ich bin <u>auf</u> der Post/<u>in</u> der Post/<u>bei</u> der Post.

9   Ich gehe <u>auf</u> die Straße.

10 Ich gehe <u>in</u> die Kirche.

11 Ich gehe <u>in</u> das Museum.

12 Ich gehe <u>in</u> den Park.

13 Ich fahre <u>an</u> den See.

14 Ich fahre <u>an</u> das Meer. (oder „ans Meer")

15 Ich fahre <u>auf</u> die Insel Rügen.

16   Ich steige auf den Berg.

S.54   Übung 02

1   Wann bist du zu Hause?

2   Ich gehe nach der Arbeit sofort nach Hause.

3   Ich arbeite in der Schweiz.

4   Wir schlafen heute in der Jugendherberge.

5   Warst du schon einmal(= mal) auf der Insel Helgoland.

6   Der Lehrer schickte den Schüler in das Sekretariat(= ins Sekretariat).

7   Sie heiraten auf dem Standesamt.

8   Er wohnt in der Goethestraße.

9   Ich muss auf die Toilette.

S. 55   Übung 03

1   Am Montag

2   An Ostern

3   Am Dienstagnachmittag

4   Um 12 Uhr

5   In der Nacht

6   Im Sommer

7   Gegen 16 Uhr

8   Zur Zeit König Sejongs

9   Am Ende des 20. Jahrhunderts(zwangzigsten Jahrhunderts)

10   Um Mitternacht

11   An Weihnachten

S. 56   Übung 04

1   Der Kunde kommt am 13. Juni um 14 Uhr.

2   Ich fliege am Dienstagnachmittag nach Korea.

S. 57   Test

1   Er fährt über Weihnachten nach Hamburg.

2   Ich gehe gerade in die Kantine.

3   Sara sucht den Mann fürs Leben.

4   Sina kommt um 12 Uhr am Bahnhof an.

5   Ich nehme jeden Montagmorgen die U-Bahn.

Kapitel 2   유형별 필수 표현

S.63   **Übung 01**

1   <u>Aus Angst</u> das Falsche zu tun.

2   <u>Wegen des schlechten Wetters</u> bleibe ich zu Hause.

3   <u>Aus Liebe</u> trennte er sich von ihr.

4   <u>Wegen der Schmerzen</u> kommt sie ins Krankenhaus.

5   <u>Vor Freude</u> hüpfte sie in die Luft.

6   <u>Vor Angst</u> zitterte sie am ganzen Körper.

7   <u>Vor Zorn</u> errötete sie.

Übung 02

1   <u>Wegen seines vorbildlichen Verhaltens</u> wurde ihm ein Orden verliehen.

2   <u>Wegen/Aufgrund seiner/der hervorragenden Leistungen</u> bestand er die Aufnahmeprüfung.

3   <u>Wegen/Aufgrund seiner/der guten Englischkenntnisse</u> bekam sie den Job(= die Arbeitsstelle)

4   Sie kippte <u>aus Versehen</u> das Glas um.

5   Ich kann das <u>aus eigener Erfahrung</u> bestätigen.

6   Das Getränk wird <u>wegen des hohen Zuckergehalts</u> nicht empfohlen.

7   <u>Aus Angst</u> vor neuen Anschlägen wurde die Flüchtlingsunterkunft geschlossen.

S. 66   **Übung**

1   Ich lese jeden Morgen/morgens die Zeitung.

2   Ich lese ein Buch im Monat.

3   Ich treffe mich immer abends mit Freunden.

4   Ich telefoniere jetzt mit einem Freund.

5   Ich gehe einmal in der Woche einkaufen.

6   Die Vorstellung dauert eine Stunde.

7   Lass uns heute etwas Schönes essen.

8 Ich bin gerade im Internet.

9 Ich habe am Wochenende ein Geschäftsessen.

10 Ich kaufe nach Feierabend eine Hose.

S.69 **Übung 01**

1 Ich bringe mein Handy zur Reparatur in die Werkstatt.

2 Zollbeamte haben einige Studenten zur Kontrolle angehalten.

3 Die Eltern schicken ihr Kind zur Erholung ans Meer.

4 Zur Vermeidung langer Wartezeiten zieht man eine Wartenummer.

5 Das Beweismaterial wurde zur Analyse ins Labor geschickt.

6 Esther hat mir ihre Hausaufgabe zum Durchlesen gegeben.

7 Zur Veranschaulichung zeigte die Professorin den Studenten einen Filmausschnitt.

8 Zum Schutz vor Verbrennungen müssen Sie Schutzhandschuhe tragen.

S.70 **Übung 02**

1 Du musst dich schnell anmelden, sonst bekommst du keinen Platz mehr.

2 Ich melde meine Wohnung heute ab, andernfalls muss ich den nächsten Monat Miete bezahlen.

3 Ich lese abends immer ein Buch, andernfalls kann ich nicht einschlafen.

4 Ich trinke vor der Vorlesung eine Tasse Kaffee, andernfalls schlafe ich ein.

5 Du musst dich warm anziehen, andernfalls erkältest du dich.

6 Du musst ein Praktikum machen, sonst kannst du nicht Betriebswirtschaftslehre studieren.

7 Im Flugzeug musst du dein Handy ausschalten, andernfalls wird die Elektronik gestört.

S.75 **Übung 01**

1 Das Abendessen

2 Der Geschmack *불규칙 변화

3 Die Geburtstagsfeier

4 Das Frühstück

5 Das Mittagessen

6 Der Brunch

Übung 02

1 Vielen Dank für die Einladung zum Kaffeetrinken.
2 Ich nehme die Einladung gerne an.
3 Darf ich Sie zu einer Grillparty einladen?
4 Leider passt die Uhrzeit nicht, da ich eine Verabredung habe.

S.77 ### Übung

1 <u>Durch die Speicherung von Daten</u> kann man Daten sichern.
2 <u>Durch die Einführung von einer Ökosteuer</u> kann man die Umwelt schützen.
3 <u>Durch die Betreibung einer ökologischen Tierhaltung</u> kann man eine gute Lebensmittelqualität gewährleisten.
4 <u>Durch die Teilnahme an Weiterbildungsveranstaltungen</u> hat man gute Karrierechancen.
5 <u>Durch die Entwicklung neuer Werbestrategien</u> kann man den Umsatz steigern.

S.78 ### Test

1 Fußballspieler **kämpften** gestern auf dem gegnerischen Platz
   　　　　　　　　　　　　시간　　　　　　　장소
   mit allen Mitteln.
   방법

2 Meine Katze **hat** gestern in eurem Garten **einen Vogel gefangen**.
   　　　　　　　　시간　　　　장소

3 Im Einkaufsmarkt **gibt** es jeden Montag **tolle Sonderangebote**.
   　장소　　　　　　　　　　시간

4 Am Hauptbahnhof **versammeln sich** samstags **viele Menschen**.
   　장소　　　　　　　　　　　시간

5 Der Paketdienst **lieferte die Pakete** schnell und zuverlässig.
   　　　　　　　　　　　　　　방법

6 Wegen des heißen Wetters **war das Schwimmbad** nachmittags
   　　이유　　　　　　　　　　　　　　　시간
   völlig **überfüllt**.
   방법

7 Heute **trage ich** wegen der Hitze **eine kurze Hose**.
   　시간　　　　　　이유

8   Der Mann schlägt vor Wut mit der Faust gegen die Wand.
이유

S.86   **Übung 01**

1   Trotz der/ihrer Erkältung geht sie zur Arbeit.

2   Trotz aller Vorsicht war das Portemonnaie weg.

3   Trotz der hohen Preise sind immer viele Gäste im Restaurant.

4   Trotz des schlechten Services ist das Geschäft immer gut besucht.

5   Trotz (des) langen Wartens bekommt der Reporter kein Interview.

S.87   **Übung 02**

1   Trotz der harschen Kritik brach der Film alle Rekorde.
Der Film brach trotz der harschen Kritik alle Rekorde.

2   Trotz des Stromausfalls beschwerte sich niemand.
Es beschwerte sich niemand trotz des Stromausfalls.

3   Trotz der Bedenken unserer Nachbarn veranstaltet er eine Grillparty.
Er veranstaltet eine Grillparty trotz der Bedenken unserer Nachbarn.

4   Trotz des Parkverbots nahmen viele Besucher ihr Auto auf das Fest.
Viele Besucher nahmen trotz des Parkverbots ihr Auto auf das Fest.

5   Ungeachtet vieler Schwierigkeiten wurde das Projekt durchgeführt.
Das Projekt wurde ungeachtet vieler Schwierigkeiten durchgeführt.

6   Trotz Streikdrohungen habe ich den Bus genommen.
Ich habe trotz Streikdrohungen den Bus genommen.

S.92   **Übung 01**

temporal

1   Wenn Weihnachten ist, sind die Geschäfte voller Menschen.

2   Wenn die Prüfungen beginnen, gehen alle Studenten in die Bibliothek lernen.

3   Nachdem die Wettkämpfe begannen, ging der Verein ins Restaurant.

4   Während Ferien sind, haben die Kaufhäuser geschlossen.

kausal

5   Weil ich kein Internet habe, kann ich die Email nicht schicken.

6 Weil das Kabel kaputt ist, funktioniert der Drucker nicht.

7 Weil es einen Stromausfall gab, ist die Datei verloren gegangen.

8 Weil er seinen Terminkalender nicht hat, ist Herr Kim aufgeregt.

9 Weil das Telefon klingelt, kann die Sekretärin nicht arbeiten.

final

10 Sie geht nach der Arbeit in die Sauna, um sich zu entspannen.

11 Der Busfahrer öffnet die Türen, um die Fahrgäste herauszulassen.

12 Ich fahre auf die Tankstelle, um zu tanken.

13 Ich fahre in die Türkei, um Urlaub zu machen.

modal

14 Indem wir Fairtrade Produkte kaufen, können wir helfen.

15 Indem die Exporte ansteigen, floriert die Wirtschaft des Landes.

16 Dadurch, dass die Schule brannte, wurde die Schule zerstört.

17 Indem man liest, verbessern Sie ihre sprachlichen Fähigkeiten.

konzessiv

18 Obwohl er eifrig trainierte, konnte er sein Ziel nicht erreichen.

19 Obwohl es schneite, fuhren die Busse regelmäßig.

20 Obwohl es verboten war, benutzen die Schüler ihr Handy im Unterricht.

21 Obwohl die Arbeitslosenzahlen sinken, wohnen viele Kinder bei ihren Eltern.

S.95 **Übung 02**

1 Frauen wollen keine Kinder wegen der zunehmenden Erziehungsprobleme/der Zunahme der Erziehungsprobleme.

2 Frauen wollen keine Kinder wegen der finanziellen Belastung.

3 Frauen wollen wegen der Karriere keine Kinder.

4 Frauen wollen wegen der Instabilität vieler Partnerschaften keine Kinder.

5 Wegen der kinderfeindlichen Gesellschaft wollen Frauen keine Kinder.

6 Wegen des Autos wollen Frauen keine Kinder.

7 Wegen der Freunde wollen Frauen keine Kinder.

1 a) Ich kaufe ein Wörterbuch, um mein Deutsch zu verbessern. (auch: Deutschkenntnisse)

   b) Ich kaufe ein Wörterbuch, damit ich mein Deutsch verbessern kann.

2 a) Er trinkt abends heiße Milch, um besser einzuschlafen.

   b) Er trinkt abends heiße Milch, damit er besser einschlafen kann.

3 a) Ich höre im Auto Nachrichten, um(besser) informiert zu sein.

   b) Ich höre im Auto Nachrichten, damit ich (besser) informiert bin.

4 a) (주어가 다르기 때문에 um...zu 불가능)

   b) Ich gebe ihm meine Hausschlüssel, damit er meine Blumen gießen kann.

1 Ich weiß nicht, wo unsere Sitzplätze sind.

2 Was denkst du, wie die Neuigkeiten sie beeinflussen werden?

3 Weißt du, was Florian passiert ist?

4 Weißt du, wann die Geschäfte schließen?

5 Weißt du, ob die Bank am Samstag geöffnet hat?

6 Weißt du, ob er verheiratet ist?

7 Er weiß nicht, wo sie ist.

8 Mich würde interessieren, warum Sie nach Afrika gezogen sind.

9 Ich weiß, wer dir helfen kann.

10 Unser Chef möchte wissen, ob Sie das Projekt bis Freitag abschließen können.

11 Ich wüsste gern, ob Sie Flachbildfernseher haben.

12 Ich hätte gern gewusst, ob ich die Frist verlängern kann.

13 Können Sie mir sagen, wann Prof. Schmidt zurückkommt?

 TIPP!

1. 주절이 질문일 경우에는 „Weißt du...?", „Was denkst du...?"와 같이 간접 의문문 뒤에 물음표로 표시한다.

2. Wissen의 동사 변화
ich weiß - du weißt - er weiß - wir wissen - ihr wisst - Sie wissen

S.103 **Übung 02**

1   Ich werde ihn fragen, **wie viel** er für das Haus bezahlt hat.

2   Ich weiß nicht, **ob** ich meine Freunde dieses Wochenende sehe.

3   Kannst du mir sagen, **wann** deine Waschmaschine kaputt gegangen ist.

4   Sie hat vergessen, **wo** sie ihr Auto geparkt hat.

5   Können Sie mir sagen, **wann** die Vorstellung beginnt?

6   Ich würde gerne wissen, **wo** das Sekretariat ist.

7   Frag Frau Müller, **was** ihre Tochter studiert.

8   Kannst du mir sagen, **woher** der Wein kommt.

S.104 **Übung 03**

1   Können Sie mir sagen, wie viel das kostet?

2   Können Sie mir sagen, wo sich die Universität Leipzig befindet?

3   Können Sie mir sagen, mit wem Sie gerade telefonieren?

4   Können Sie mir sagen, welche Zimmernummer Frau Kim hat?

Oder: Ich hätte gern gewusst, …

S.105 **Übung 04**

1   Es ist sicher, dass er nicht kommt.

2   Es ist traurig, dass er die Prüfung nicht bestanden hat/er in der Prüfung durchgefallen ist.

3   Es stimmt, dass er eine neue Anstellung hat/einen neuen Job hat.

4   Es ist ein Problem, dass Schüler nicht lernen.

5   Man sagt, dass der Klimawandel eine Tatsache ist.

6   Denk daran, dass es manchmal besser ist, zu schweigen./nichts zu sagen.

S. 107 **Übung 01**

1   Lass uns anschließend

2   Wollen wir anschließend

3   Vielleicht können wir anschließend

4   Lass uns anschließend

S. 108 **Übung 02**

1 Wollen wir ins Kino gehen?

Lass uns ins Kino gehen.

Sollen wir mal ins Kino gehen?

Vielleicht können wir mal ins Kino gehen?

2 Wollen wir etwas Schönes machen?

Lass uns etwas Schönes machen.

Sollen wir etwas Schönes machen?

Vielleicht können wir etwas Schönes machen?

3 Soll ich dir beim Umzug helfen?

Vielleicht kann ich dir beim Umzug helfen?

4 Wollen wir Susi im Krankenhaus besuchen?

Lass uns Susi im Krankenhaus besuchen.

Sollen wir Susi im Krankenhaus besuchen?

Vielleicht können wir Susi im Krankenhaus besuchen?

5 Soll ich am Wochenende vorbeikommen?

Vielleicht kann ich am Wochenende vorbeikommen?

S.109 **Übung 03**

1 Kannst du mir beim Abwasch helfen?

2 Kannst du mir beim Umzug helfen?

3 Kannst du mir beim Organisieren der Party helfen?

4 Kannst du mir beim Aufräumen helfen?

5 Kannst du mir beim Einräumen helfen?

6 Kannst du mir beim Sortieren helfen?

7 Kannst du mir bei der Planung helfen?

8 Kannst du mir bei der Wäsche helfen?

S. 111 **Übung 01**

1 Ich freue mich, dass du mir hilfst.

2 Ich freue mich, dass du mich anrufst.

3 Ich freue mich, dass du wieder gesund bist. *gesund sein + wieder

4 Ich freue mich, dass du die Prüfung bestanden hast.

5 Ich freue mich dass du dein Portemonnaie wiedergefunden hast.

6   Ich freue mich, dass du glücklich bist.

7   Ich freue mich, dass du dich mit Sara verlobt hast.

S.112   Übung 02

1   Ich habe gehört, dass Herr Kim und Frau Lee heiraten.

2   Ich habe gehört, dass sie die Prüfung bestanden hat.

3   Ich habe gehört, dass du den Termin vergessen hast.

4   Ich habe gehört, dass er seine Tasche verloren hat.

5   Ich habe gehört, dass Clara ein Konzert hat.

6   Ich habe gehört, dass du in Urlaub fährst. (Auch: in Urlaub gehen)

7   Ich habe gehört, dass Anna den Vertrag unterschrieben hat.

S.113   Übung 03

1   Es freut mich, dass du die Prüfung bestanden hast.

2   Es ist wichtig, dass du in die Sprachschule gehst.

3   Es stimmt, dass er viel Geld verdient.

4   Es stimmt, dass heute Abend ein Sturm kommt.

5   Es gefällt mir nicht, dass ich immer so viel arbeiten muss.

6   Es stimmt, dass Geld nicht glücklich macht.

7   Es ist allgemein bekannt, dass die Universität München eine gute Universität ist.

Kapitel 3   주제별 필수 표현

S.120   Übung 01

1   Alle koreanische Studenten müssen eine Aufnahmeprüfung an der Hochschule machen.

2   An der Universität muss man eine Hausarbeit schreiben.
    *ACHTUNG: nicht Hausaufgabe

3   Man muss sich bemühen, um gute Noten zu bekommen.

4   Viele Studenten können nach dem Universitätsabschluss keine Arbeitsstelle finden.

5   Viele Studenten machen ein Auslandsstudium, um neue Erfahrungen

zu sammeln.

6   Die Nacht durchlernen ist nicht hilfreich.

     Es ist nicht hilfreich, die Nacht durchzulernen.

7   Es ist wichtig, die Sprachschule regelmäßig zu besuchen.

8   Ein Auslandsstudium bringt Schwierigkeiten/Probleme mit sich.

9   Lebenslanges Lernen ist aus zwei Gründen wichtig.

S.121 Übung 02

1   die Universität: besuchen

2   einen Kurs: besuchen, machen, bestehen, an einem Kurs
     teilnehmen, anmelden, geben(als Lehrer), mitmachen

3   einen Abschluss: machen

4   eine Prüfung: bestehen, machen, an einer Prüfung teilnehmen,
     vorbereiten, schreiben, anmelden

5   eine Note: bekommen, geben

6   einen Sprachkurs: besuchen, abschließen, geben(als Lehrer),
     belegen, abschließen, bestehen, machen, mitmachen

7   die Aufnahmeprüfung: machen, an einer Aufnahmeprüfung
     teilnehmen, vorbereiten, anmelden

S. 126 Übung 01

1   Ich glaube, ich habe mich verliebt.

2   Ich habe lange geschlafen.

3   Ich bin am Montag spät aufgestanden.

4   Dann bin ich zum Einkaufsmarkt gefahren.
     *Einkaufsmarkt: Supermarkt, Discounter

5   Ich habe dort 1 Kilo Äpfel gekauft.

6   Ich habe Zucker und Milch vergessen.

7   Ich habe mich mit meiner Freundin vor dem Einkaufsmarkt
     getroffen.

S.127 Übung 02

Zeitungsmeldung(1)

1   Am Montagmorgen ereignete sich am Zoologischen Garten ein
     Verkehrsunfall.

2 Ein PKW fuhr in die Osnabrückerstraße und sah einen Fahrradfahrer nicht.

3 Es kam zu einem Zusammenstoß.

4 Der PKW-Fahrer hatte einen Schock.

5 Er wusste nach dem Unfall nicht mehr, was passiert war.

Zeitungsmeldung(2)

1 Am Mittwoch gegen 13 Uhr klingelte es an der Wohnungstür von Frau Ried.

2 Ein unbekannter Mann sagte, dass er die Wasserleitung reparieren soll.

3 Er bat die Frau, 80 Euro bar zu geben.

4 Der Mann verließ die Wohnung und kam nicht zurück.

5 Die Polizei sagt, dass es solche Betrugsfälle sehr häufig gibt.

S. 131   Übung

1 Heutzutage ist es einfacher, Kinder großzuziehen.

2 Heutzutage ist es schwieriger, auf eigenen Füßen zu stehen.

3 Der deutsche Wohlfahrtsstaat/Deutschland als Wohlfahrtsstaat unterstützt viele Menschen.

4 Eltern müssen für ihre Kinder Maßstäbe setzen.

5 Studierende aus ärmeren Familienverhältnissen lernen sehr fleißig.

6 Die öffentliche Meinung spielt eine wichtige Rolle.

7 Alle Eltern sollten ein gutes Vorbild sein.

8 Gemeinsame Freizeitaktivitäten mit der Familie helfen, eine enge Bindung aufzubauen.

S.132   Übung 01

1격

1 Ich habe die Aufnahmeprüfung, die sehr schwer war, bestanden.

2 Das Fahrrad, das ich gestern gekauft habe, ist kaputt.

3 Die Geburtstagsfeier, die gestern stattgefunden hat, war schön.

4격

4 Die Studentin, die eine studentische Hilfskraft ist, ist schon wieder krank.

5   Herr Niemand, den ich kaum kenne, ist unser neuer Chef.

6   Das Buch, das ich gestern gelesen habe, war sehr interessant.

3격

7   Mein Freund, dem ich vor einer Woche geschrieben habe, hat mir noch nicht geantwortet.

8   Eine gute Freundin von mir, der die Arbeit nicht mehr gefällt, sucht eine neue Stelle.

9   Meine Nachbarin, der das Haus gegenüber gehört, ist nett.

2격

10   Meine Cousine, deren Familie in Seoul wohnt, will wieder nach Korea zurück.

11   Mein Kommilitone, dessen Freundin in Korea lebt, fühlt sich einsam.

12   Die Wohnung, deren Vermieter ich kenne, ist nicht frei.

S.134   Übung 02

1   Ich habe den Film, den du mir empfohlen hast, gesehen.

2   Ich habe einem Freund, dessen Auto kaputt gegangen ist, geholfen.

3   Er ist kein Mensch, der Entscheidungen trifft.

4   Die Frau, die nebenan wohnt, ist Lehrerin.

5   Du bist der einzige Freund, auf den ich mich verlassen kann.

6   Der Film, den du gesehen hast, ist wirklich gut.

7   Ich habe jemanden getroffen, mit dem ich gut sprechen kann.

8   Der Freund, den ich letzte Woche getroffen habe, ist ein alter Schulfreund.

9   Ich kenne ein Mädchen, dessen Vater in diesem Krankenhaus ist.

S. 138   Übung

1   Die meisten leichten Beschwerden heilen sich ohne Medikamente aus.

2   In Korea ist der Druck groß, in Form zu bleiben.

3   Regelmäßig Sport treiben/ Sich regelmäßig bewegen ist das beste Mittel, um abzunehmen.

1 Die Rechnung wird bezahlt.

2 Die Wörter werden wiederholt.

3 Die Bücher (von der Maschine) werden schnell und günstig gedruckt.

4 Ein neues Theaterstück wird (von dem Theater für Schauspiel und Kunst) aufgeführt.

5 Der Präsident wird (von der Bundeskanzlerin) empfangen.

6 Die Schäden nach dem Sturm werden (von freiwilligen Helfern) beseitigt.

7 Der Einbrecher wird an der polnischen Grenze (von der Polizei) gefangen.

8 Die Autobahn A10 wird (von der Polizei) für 8 Stunden gesperrt.

9 Die Luftverschmutzung wird (durch die Autoabgase) verursacht.

1 Das Auto wird repariert.

2 Sie wird von ihm geliebt. *aber normalerweise: Er liebt sie.(Aktiv)

3 Ein Mann Heilmittel gegen Krebs wurde von einem Wissenschaftler gefunden.

4 Ein wurde auf offener Straße von einem (anderen) Mann geschlagen.

5 Der Brief wurde von ihr geschrieben.

6 Der Fernseher wurde im Jahr 1929 erfunden.

7 Im koreanischen Fernsehen werden am meisten Serien gesehen.

1 Die Waschmaschine wird von dem Handwerker repariert.

2 Der Fußboden wird von der Reinigungsfirma gereinigt.

3 Die Hausaufgaben werden von der Lehrerin korrigiert.

4 Die Rechnungen werden von der Sekretärin geschrieben.

1 Mir hat das Konzert gut gefallen.
   Das Konzert war super.

2   Mir hat die Abschiedsparty nicht so gut gefallen.

3   Die Geburtstagsparty war schlecht. (auch: Die Geburtstagsfeier)

4   Der Ausflug hat mir gut gefallen.
     Der Ausflug war prima.

5   Der Urlaub hat mir sehr gut gefallen.
     Der Urlaub war perfekt.

6   Das Ballett hat mir gut gefallen.
     Das Ballett war großartig.

 TIPP!

1. gut gefallen – nicht gefallen
2. 형용사 + sein 동사의 다른 예
   Das Konzert war hervorragend. (o)
   Das Konzert gefällt mir hervorragend (x)

S. 147 **Übung 02**

1   Wollen wir am Freitag eine Bergwanderung machen?
     우리 금요일에 등산하러 갈까?

2   Sie ist mit ihren jungen Jahren sehr begabt.
     그녀는 어린 나이여도 재능이 있다.

3   Mein Mann und ich haben beim Essen denselben Geschmack.
     나와 남편은 입맛이 비슷하다.

4   Viele Leute in Korea schauen sich diese Fernsehsendung an.
     한국의 많은 사람들은 이 TV 프로그램을 본다.

5   Ich interessiere mich für Mode.
     나는 패션에 관심있다.

6   In Deutschland ist vielen Leuten das Aussehen nicht so wichtig.
     독일에서는 많은 사람들이 외모가 그렇게 중요하다고 생각하지 않는다.

7   Das koreanische Essen ist weltweit sehr beliebt.
     전 세계적으로 한국 음식이 인기 있다.

8   Ihr Tochter ist sprachlich sehr begabt.
     당신의 딸은 언어적인 재능이 있다.

9   Am Potsdamer Platz gibt es eine Ausstellung zur Antiken Kunst.
     Potsdamer Platz에서는 고대 예술 전시회가 열린다.

1   Ich würde mich freuen, wenn du kommen würdest/kämest.

2   Ich würde mich freuen, wenn Sie sich Zeit nehmen würden/ nähmen.

3   Ich würde mich freuen, wenn ich mehr Geduld hätte.

4   Ich würde mich freuen, wenn ich meine Ruhe hätte.

5   Ich würde mich freuen, wenn er mich in Ruhe lassen würde/läße.

6   Ich würde mich freuen, wenn wir den Abend gemeinsam/ zusammen verbringen würden.

7   Ich würde mich freuen, wenn du früher nach Hause kommen würdest/kämest.

8   Ich würde mich freuen, wenn ich nicht so viel arbeiten müsste/ arbeitete.

9   Ich würde mich freuen, wenn wir öfter ins Theater gehen würden/ gingen.

1   Ich muss 100 Dollar in koreanische Won umtauschen.

2   Ich muss meinen Reisecheck in Dollar umtauschen.

3   Sie können die Wohnung morgen gegen 10-12 Uhr besichtigen.

4   Wie wäre es, wenn wir am Wochenende zusammen etwas Leckeres kochen?

5   Bevor man in eine Wohnung zieht, muss man vorher einen Vertrag abschließen.

6   Es handelt sich um das Auto aus der Zeitungsannonce.

7   Ich habe Interesse an dem Angebot aus der Werbung.

8   Kannst du Wasser für die Geburtsfeier mitbringen?

1   Ich würde gerne 200 Euro abheben.
     Ich würde gerne Geld abheben.

2   Ich würde gerne Geld auf mein Konto einzahlen.

3   Ich würde gerne ein Konto eröffnen.

4   Ich würde gerne eine Überweisung tätigen.

5   Ich würde mich gerne polizeilich anmelden.

6   Ich würde gerne die Wohnung ummelden.

7   Ich würde gerne mit Frau/Herrn… sprechen.

S. 154 Übung 01

1   Das ist die Freundin meiner Mutter.

2   Die Reifen des Autos sind kaputt.

3   Das Referat des Kommilitonen war sehr aufschlußreich.

4   Die Wohnung des Nachbarn hatte einen Stromausfall.

5   Im Fotoalbum meiner Großeltern entdeckte ich interessante Aufnahmen.

6   Ich trage gerne Schmuck aus Gold.

7   Die Besucher aus der Schweiz wollen ein neues Zimmer.

8   Herr Müller, CEO des Unternehmens, will Arbeitsplätze schaffen.

9   Ich würde gerne das Auto auf dem Parkplatz kaufen.

S.155 Übung 02

1   Wollen wir das Hotel in Berlin buchen?

2   Können wir die Wohnung im Erdgeschoss besichtigen?

3   Können wir morgen das Auto deiner Eltern benutzen?

4   Harry Potter der berühmte Zauberschüler begeisterte viele Leserinnen und Leser.

5   Kannst du mir Schminke aus Korea mitbringen?

6   Ist Herr Hempel ein Lehrer am Gymnasium?

S. 158 Übung

1   Immer mehr Tierarten sind vom Aussterben bedroht.

2   Wegen der Schadstoffe sind viele Flüsse in Korea stark verschmutzt.

3   Wir müssen die Wälder vor dem Waldsterben schützen.

4   Die Entsorgung von radioaktivem Müll geht auf Kosten der Umwelt.

5   In den Anfängen der Industrialisierung wurde die Umwelt durch den unkontrollierten Ausstoß von Abgasen in die Luft gefährdet.

S. 160 Übung

1   Du musst auf den Verkehr achten.

2   Sie achtet auf ihre Gesundheit.

3   Er gibt viel Geld <u>für</u> gesundes Essen aus.

4   Sie will sich mehr <u>um</u> die Umwelt kümmern.

5   Ich kann mich nicht <u>an</u> das schlechte Wetter gewöhnen.

6   Ich freue mich <u>auf</u> das Wochenende.

7   Sie ärgert sich <u>über</u> das Klima am Arbeitsplatz.

8   Du bist <u>auf</u> einem Fest eingeladen.

9   Ich treffe mich morgen <u>mit</u> Julia.

10 Ich erinnere mich gerne <u>an</u> die Reise nach Korea.

11 Ich interessiere mich <u>für</u> Geschichte und Politik.

Kapitel 4   자주 틀리는 문법

S.162   1

a)   Normalerweise schenkt man dem Gast ein.

b)   Normalerweise schnaubt man beim Essen nicht laut die Nase.

c)   Normalerweise fängt man mit dem Essen an, wenn der Dienstälteste anfängt.

d)   Normalerweise verabredet man sich zum Kaffeetrinken.

S.163   2

a)   In Deutschland steigert es die Wertschätzung, wenn man am Tisch „Guten Appetit" sagt.

b)   In Deutschland steigert es die Wertschätzung, wenn man nicht mit offenem Mund kaut.

c)   In Deutschland steigert es die Wertschätzung, wenn man ein Trinkgeld von 10 Prozent gibt.

3

a)   Man spricht Englisch in England.

b)   Man spricht Amerikanisch in den USA.

c)   Man spricht Polnisch in Polen.

d)   Man spricht Türkisch in der Türkei.

S.164 4

1 Man kann einen Deutschkurs machen.

2 Man muss jeden Tag mit einem Muttersprachler sprechen.

3 Man muss seine Hausaufgaben machen.

4 Man muss sich bei einer Sprachschule anmelden.

5 Man muss täglich die Aussprache üben.

6 Man kann den Lehrer fragen, wenn man etwas nicht versteht.

S.167 2

1 Haben Sie <u>Hunger</u>?

2 Ich habe heute Morgen <u>Milch</u> getrunken.

3 Ich trinke <u>Kaffee</u> nur mit <u>Milch</u>.

4 Möchtest du <u>Brot</u> mit <u>Butter</u>?

S.168 3

1 Ich sehe gern Filme.

2 Ich kann Zigarettenqualm nicht ausstehen.

3 Ich esse für mein Leben gern Spaghetti.

4 Wasser trinken ist wichtig.

S.169 4

1 <u>Butter</u> in einem Topf zerlassen.

2 600g <u>Mehl</u> zugeben und rühren.

3 300ml <u>Gemüsebrühe</u> und 50ml <u>Schlagsahne</u> einrühren.

4 Vier <u>Eier</u> kochen

5 4 Teelöffel <u>Senf, Salz, Zucker</u> in die Soße geben.

6 <u>Eier</u> in die Soße geben und dazu <u>Kartoffeln</u> servieren.

S.173 4

1 Ich habe heute <u>keine</u> Lust auf Sport.

2 Ich mag <u>keinen</u> Milchreis.

3 Ich möchte mehr Deutsch lernen, aber ich habe <u>keine</u> Zeit.

4 Ich spiele <u>kein</u> Instrument.

5 Ich muss etwas notieren, aber ich finde <u>keinen</u> Stift.

6　Ich glaube, das ist <u>keine</u> gute Idee.

7　Es isst <u>kein</u> Fleisch. Er ist Vegetarier.

S.174　5

1　Er hat gestern keinen Anzug getragen.

2　Ich gehe heute nicht zur Arbeit.

3　Ich kann mit Messer und Gabel nicht umgehen.

4　Sie ruft mich nicht an.

5　Sie zieht morgen nicht nach Hamburg.

6　Sie kann nicht kochen.

7　Sein Kleidungsstil ist nicht normal.

8　Sie grüßt mich nicht.

9　Ich spiele kein Klavier.

10　Ich finde ihn nicht sympathisch.

독해　MODUL LESEN

Teil 1		Teil 2 (Text 1)		Teil 2 (Text 2)	
Aufgabe 1	Falsch	Aufgabe 7	b	Aufgabe 10	b
Aufgabe 2	Richtig	Aufgabe 8	b	Aufgabe 11	a
Aufgabe 3	Richtig	Aufgabe 9	b	Aufgabe 12	c
Aufgabe 4	Falsch				
Aufgabe 5	Falsch				
Aufgabe 6	Richtig				

Teil 3		Teil 4		Teil 5	
Situation 13	j	Aufgabe 20	ja	Aufgabe 27	a
Situation 14	h	Aufgabe 21	nein	Aufgabe 28	b
Situation 15	i	Aufgabe 22	nein	Aufgabe 29	b
Situation 16	f	Aufgabe 23	nein	Aufgabe 30	c
Situation 17	d	Aufgabe 24	ja		
Situation 18	e	Aufgabe 25	ja		
Situation 19	a	Aufgabe 26	ja		

MODUL HÖREN

Teil 1

Text 1		Text 2		Text 3	
Aufgabe 1	Richtig	Aufgabe 3	Richtig	Aufgabe 5	Falsch
Aufgabe 2	b	Aufgabe 4	b	Aufgabe 6	c

Text 4		Text 5	
Aufgabe 7	Falsch	Aufgabe 9	Richtig
Aufgabe 8	b	Aufgabe 10	b

Teil 2		Teil 3		Teil 4	
Aufgabe 11	a	Aufgabe 16	Falsch	Aufgabe 23	a
Aufgabe 12	c	Aufgabe 17	Richtig	Aufgabe 24	c
Aufgabe 13	c	Aufgabe 18	Richtig	Aufgabe 25	c
Aufgabe 14	a	Aufgabe 19	Falsch	Aufgabe 26	c
Aufgabe 15	b	Aufgabe 20	Richtig	Aufgabe 27	b
		Aufgabe 21	Richtig	Aufgabe 28	b
		Aufgabe 22	Richtig	Aufgabe 29	c
				Aufgabe 30	b

작문 **MODUL SCHREIBEN**

S.281 Übung 01

1 Leider muss ich den/unseren Termin absagen, weil ich mich nicht wohl fühle.

Leider muss ich unseren Termin absagen, weil…

Leider muss ich den Termin mit Ihnen absagen, weil…

2 Leider muss ich den Termin absagen, weil ich dringend zum Arzt muss.

3 Leider muss ich den Termin absagen, weil Verwandte aus Korea zu Besuch kommen.

4   Leider muss ich den Termin absagen, weil ich ein wichtiges Vorstellungsgespräch habe.

5   Leider muss ich den Termin absagen, weil mein Auto kaputt ist.

6   Leider muss ich den Termin absagen, weil meine Waschmaschine kaputt ist.

S.282   Übung 02

1   Wegen eines Besichtigungstermins muss ich den Termin mit Ihnen leider absagen.

Wegen eines Besichtigungstermins muss ich unseren Termin leider absagen.

2   Wegen einer wichtigen Besprechung (im Büro) muss ich den Termin mit Ihnen leider absagen.

3   Wegen des Handwerkers muss ich den Termin mit Ihnen leider absagen.

4   Wegen eines Bahnstreiks muss ich den Termin mit Ihnen leider absagen.

5   Wegen des/meines ausgefallenen Fluges muss ich unseren Termin leider absagen.

6   Wegen plötzlichen Fiebers meines Kindes muss ich unseren Termin leider absagen.

동양북스 채널에서 더 많은 도서
더 많은 이야기를 만나보세요!

유튜브

인스타그램

블로그

포스트

페이스북

카카오뷰

외국어 출판 45년의 신뢰
외국어 전문 출판 그룹
동양북스가 만드는 책은 다릅니다.

45년의 쉼 없는 노력과 도전으로 책 만들기에 최선을 다해온
동양북스는 오늘도 미래의 가치에 투자하고 있습니다.
대한민국의 내일을 생각하는 도전 정신과 믿음으로 최선을 다하겠습니다.

동양북스